献给我的父母

规范与沿革

中国古代寺观壁画理法研究

王颖生 — 著

江苏凤凰美术出版社

国家出版基金项目
NATIONAL PUBLICATION FOUNDATION
“十三五”国家重点出版物出版规划项目
NATIONAL THIRTEENTH-FIVE-YEARS-PLAN KEY BOOK PUBLISHING PROJECT

作者简介

王颖生，1963年出生于河南沈丘。1997年研究生毕业于中央美术学院国画系并获硕士学位，2003—2004年被国家基金委选派至列宾美术学院梅里尼可夫工作室访问学者，2013年中央美术学院博士毕业，获博士学位。现为中央美术学院修复研究院院长，艺术创作研究院院长，壁画系第一工作室主任、教授，博士、硕士研究生导师。中国美术家协会壁画艺术委员会主任，中国美协国家重大题材美术创作艺术委员会委员，中国美术家协会理事，中国壁画学会副会长，中国国家画院研究员，中国艺术研究院工笔画研究院研究员，中国工笔画学会顾问。

作品参加第六、第七、第八、第九、第十、第十一、第十二届全国美术作品展览，并获第八届全国美展优秀作品展最高奖、第九届全国美展优秀奖、第十届全国美展铜奖、第十一届全国美展金奖、第十二届全国美展铜奖。多次参加中华文明历史题材美术创作工程展、纪念红军长征胜利80周年美术作品创作展、北京重大历史题材美术作品展、最美中国人——庆祝中国共产党第十九次全国代表大会胜利召开大型美术作品展、众志成城——抗疫主题美术作品展等国家重要主题创作活动。2005年被北京市委宣传部评为“德艺双馨艺术家”，2008年所开课程《中国传统壁画解析与训练》被评为中央美术学院精品课程，2016年被中央美术学院授予“中央美术学院师德先进个人”称号。

出版《走近画家　王颖生》《中国画坛·60一代　王颖生》《开物　王颖生水墨作品集》《北京史诗·重大历史题材中国人物画　午门誓师》《华严寺、善化寺、灵岩寺三寺壁画再造》等多种专著及合集，并被多家媒体专题介绍。作品被中国国家博物馆、中国美术馆、中央美术学院美术馆、中国奥委会、北京市文史研究馆、深圳美术馆等多家机构收藏。

目录

目录

前 言

传统壁画发端于远古，兴于秦汉，蕴于魏晋，成于唐宋，颓于元明，沉寂于清，复荣于今，历时数千年。

纵观古今中外，壁画的形式、材料十分丰富。中国传统壁画有重彩、水墨、白描、淡彩、石刻、木雕、镶嵌、画像砖、画像石、线刻等样式。宫廷、官衙、洞窟、寺观、楼榭厅廊，无处不有壁画的存在。在众多材料绘制成的壁画中，胶彩壁画运用最广、发展最为完善，也最具代表性。胶彩壁画因时代、地域、环境不同，类分为“墓室壁画”“石窟壁画”“殿宇壁画”“寺观壁画”。中国传统胶彩壁画的绘制，自周代起历经两千余年，随着时代的变迁和功能、环境的改变，其每个阶段的发展与完善从未间断。中国传统壁画从材料上分类，采用动植物胶调和矿物颜料，是以中国特有的绘制工具，绘制在泥底——通常称为地仗层的墙面上的绘画形式。它有着自远古到现代不曾中断的完整体系，从萌芽形成及至发展、完善，承上启下，遗世独立于中国美术史及世界美术史上，构筑了恢宏的篇章。

画壁是中国传统绘画史在唐代以前约定俗成的说法。现代美术史中壁画的概念源自西方的“fresco”（湿壁画）或“mural”（绘在墙壁上的画），更广泛的概念是“wall painting”（墙壁上的绘画），自20世纪初由留学日本的关注史论的学人归国后，在日本人翻译的世界美术史框架基础上，补入中国典籍中的记载及考古学成果，写出了中国美术史，其中壁画引用的即上述概念。

中国传统壁画的记载与遗存浩如烟海，一部中国美术史任何时期都无法绕过对壁画的论述，无数先贤圣手，为我们留下了叹为观止的壁画遗存。当你徜徉在以一米为高度可连接成45公里之长的敦煌莫高窟，当你仰望着天衣飞扬、满壁风动的永乐宫，当你流连于笙歌四起、旌旗开道的章怀太子墓及克孜尔石窟、开化寺、岩山寺、法海寺壁画前感怀历史、追问圣贤，传承与发展中国传统壁画理法，于当下尤显迫切与必要，其历史价值重大，文化意义非凡。对它们的造型方法及绘制工序进行系统全面的论述，并对其在中国美术史上的脉络进行学术梳理，从实践到理论技法溯本寻源是本书的宗旨所在。梳理推断中国传统壁画在正统文化中的规范与沿革，以与同道商榷。

从历代美术史中检索中国传统壁画的专述或专著，近代有潘天寿在《中国绘画史》（1935年）中关于壁画的部分总结，俞剑华的《中国绘画史》、王伯敏的《中国绘画史》（1984年）、王朝闻的《中国美术史》（2000年）、金维诺的《寺院壁画的考察与研究》《中国寺观壁画典藏：山西繁峙岩山寺壁画》《秦汉时代的壁画》，楚启恩的《中国壁画史》较多站在史料角度论及壁画，令狐彪的《北宋画院研究》、韩刚的《北宋翰林图画院制度渊源考论》从北宋翰林图画院系统梳理考证，对壁画有部分涉及，但都不能称之为壁画类专业论文。20世纪50年代以来，中国传统壁画研究领域成果颇丰，例如：刘凌沧的《传统壁画的制作和技法》、祁英涛的《山西永乐宫壁画的揭取方法》、潘絜兹的《漫谈壁画》、王定理的《中央美术学院中国画传统色彩教学》、柴泽俊的《山西寺观壁画》、罗世平的《青州北齐造像及其样式问题》（《美术研究》，2000年）、《广元千佛崖菩提瑞像考》（《美术研究》，1991年）、《线描——中国画文脉传承的基石》（《美术研究》，2008年）、《地下画卷——中国古代墓室壁画》（《美术研究》，2009年）、郑岩的《古代墓葬与中国美术史写作》（《文艺研究》，2011 年）、《唐韩休墓壁画山水图刍议》（《故宫博物院院刊》，2015 年）、张鹏的《金墓壁画的考古发现与美术史研究》《粉本、“样”与中国古代壁画创作——兼谈中国古代的艺术教育》、赵伟的《道教壁画五岳神祇图像谱系研究》（2007 年）、易晴的《河南登封黑山沟北宋砖雕壁画墓图像构成研究》（2007 年）、刘颖的《敦煌莫高窟吐蕃后期经变画研究》（2010 年）、任平山的《克孜尔中心柱窟的图像构成》（2007 年）、王治的《空间表达与寓意——以敦煌西方净土变结构研究为中心》（2011 年）、邢莉莉的《明代佛传故事画研究》（2008 年）、刘科的《金元道教信仰与图像表现——以永乐宫壁画为中心》（2012 年）、段玉明的《论中国古代的寺庙壁画》（《四川文物》，1991 年）、谷东方的《高平开化寺北宋大方便佛报恩经变壁画内容考释》、王岩松的《岩山寺壁画山水在美术史上的地位》《山西古代壁画损毁成因及其保护》（《文物世界》，2003 年）、王丽雯的《山西古代壁画浅论》（《太原师范学院学报》，2001 年）、杨娜的《寺观丹青越千年——略论山西的寺观壁画艺术》（《中华文化画报》，2006 年）、张豫生的《山西古代壁画考察随笔》（《新美域》，2011 年）、张亚洁和张康宁的《略论宋金山西寺观壁画中沥粉贴金工艺的兴起》（《山西档案》，2012 年）、侯一民的《山西古代壁画精粹》（江苏凤凰美术出版社，2015 年）、董智敏的《山西古代壁画精品叙要》（《新美域》，2012 年）、熊昶的《略论古代壁画的空间构成——对称性构成分析》（河北师范大学，2012 年）。本书基于翔实的史料和理论研究成果，以及笔者多年来的实践和考察经验，对宋、金、元、明等中国古代寺观壁画进行个案分析，重点研究壁画绘制系统规范的形成及工序体系化。

对正统文脉的中国传统壁画进行梳理，以期系统地归纳出中国传统壁画绘制的规范化进程及壁画绘制的工序体系，并对壁画表现语言进行理法分析，找出它的规律与传承，是本研究的目的。如果能达到预期的目的，不仅厘清了中国传统壁画的传承与发展的脉络，中国传统壁画的演变历程、造型规律、绘制方法，尤其是以正统绘画之主脉遁入民间，与并行不悖的书写性绘画——文人画之间的相互交融和影响也更为清晰。

本书选取的是文献资料梳理和图像类比的方法，先从历代正史、画史、画论及相关文献中找出中国传统壁画的原始资料、记载，然后逐次对相关资料进行考证与辨析，尽可能在相对丰富、准确、翔实的资料基础上梳理研究，以期去伪存真，对传统壁画的理法进行现代总结。

本书首先概述中国传统壁画的起源与发展，界定“中国传统壁画”，将讨论范围限定在寺观壁画。然后对中国传统壁画绘制的规范化进程进行梳理，以高平开化寺、繁峙岩山寺为个案，分析两宋、金时期壁画绘制的工序体系化、规范化、发展沿革。北宋李诫归纳出的《营造法式》，是宋代营造领域的系统规范。宋代壁画绘制的官方运作机制及画院制度的建立、专业画师系统的完善、非专业系统（书写性绘画）的兴盛，都有力地促进了绘制体系规范的形成。

隋唐五代是中国历史上文化发展的一个转折时期。隋代历时虽然只有短短 27 年，但自上而下复兴佛法，有修复寺院的举措，不少绘画高手都参与了当时重要壁画的绘制，使隋代的绘画及壁画艺术又一次呈现鼎盛发展之势。隋唐时期，社会经济高度发展，国力

壹 中国传统寺观壁画绘制规范化的形成

图 1-01
东汉　河北望都汉墓壁画
门下小吏

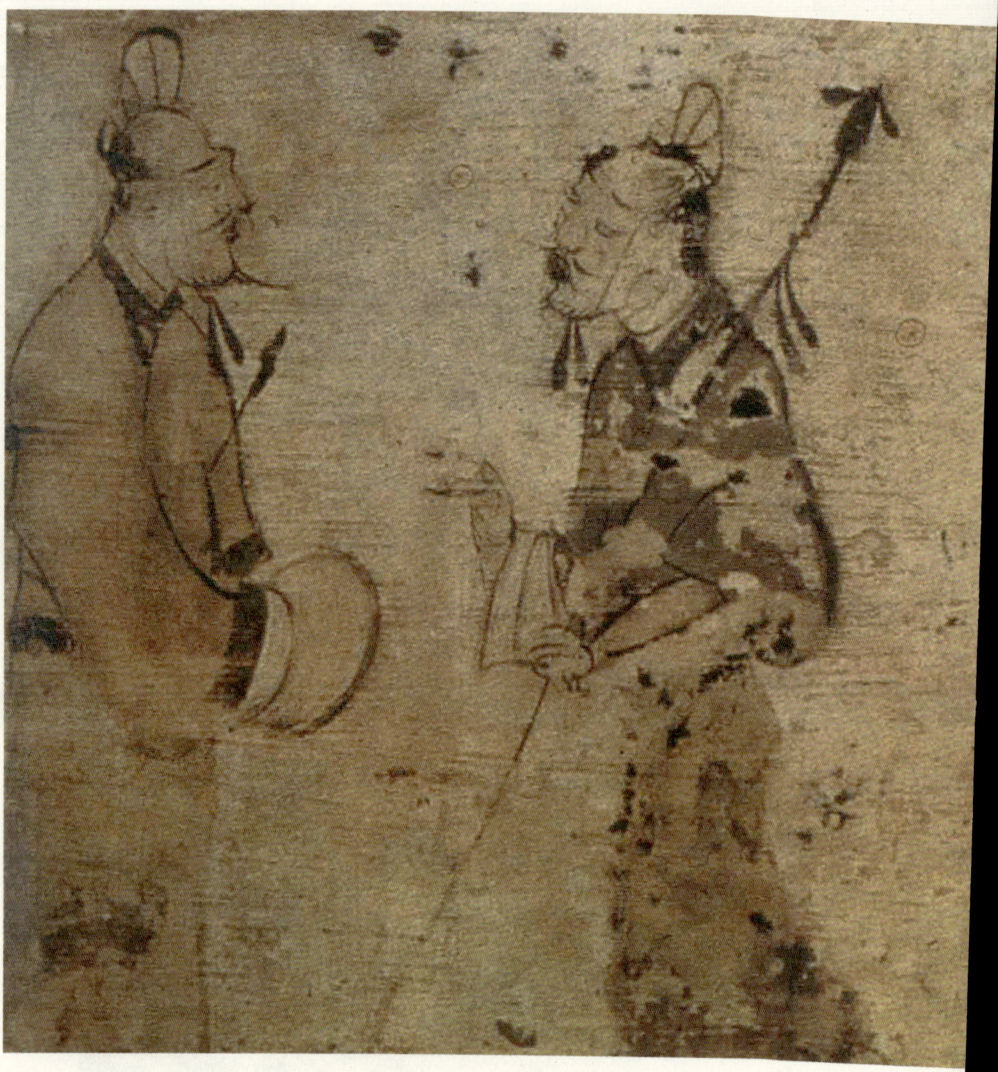

图 1-02
西汉　河南洛阳八里台汉墓
迎宾拜谒图

图 1-03
北齐　山西太原徐显秀墓墓室西壁
鞍马出行图（局部）

图 1-04

唐　陕西乾县永泰公主李仙蕙墓室壁画

宫女图

图 1-05

唐　山西五台山佛光寺东大殿明间佛座后侧壁画

毗沙门天王

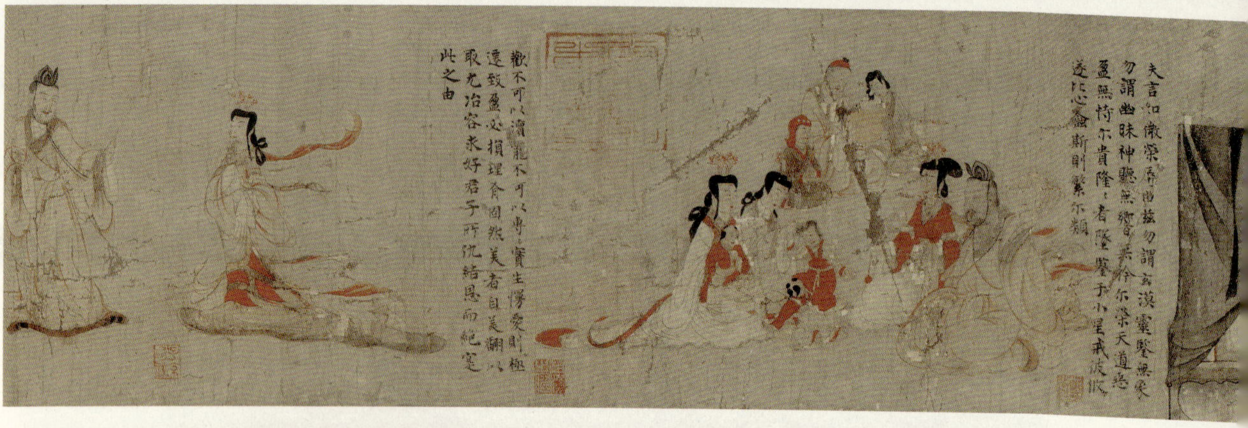

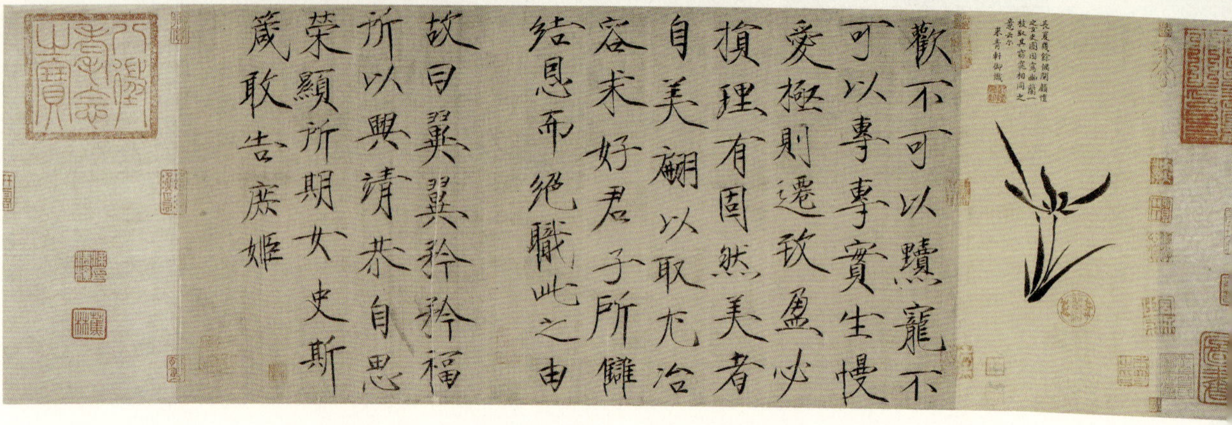

图 1-06
东晋　顾恺之　女史箴图（唐摹本）
绢本设色　纵 24.8 厘米、横 348.2 厘米
大英博物馆藏

班婕有辭割歡同輦夫豈不懷防微慮遠

人咸知脩其容莫知飾其性性之不飾或愆禮正斧之藻之克念作聖
出其言善千里應之苟違斯義同衾以疑

故曰翼翼矜矜福所以興靜恭自思榮顯所期
女史司箴敢告庶姬
顧愷之畫

图 1-07
东晋　顾恺之　洛神赋图（宋摹本）
绢本设色　纵 27.1 厘米、横 572.8 厘米
北京故宫博物院藏

图 1-08
初唐　甘肃敦煌莫高窟第 220 窟东壁北侧
维摩诘经变　帝王图

图 1-09
初唐　阎立本（传）　历代帝王图（局部）
绢本设色　纵 51.3 厘米、横 531 厘米
美国波士顿美术馆藏

帝在位八
深崇道教

图 1-10
五代　山西长治平顺县大云禅院弥陀殿东壁
维摩诘经变

图 1-11
五代　山西长治平顺县大云禅院弥陀殿扇面墙正面东隅
观世音菩萨

图 1-12
唐　甘肃敦煌莫高窟说法图粉本
纸本　纵 79 厘米、横 141 厘米

图 1-13
北宋　赵佶　秋景山水图
绢本设色　纵 128.7 厘米、横 55.3 厘米
日本京都金地院藏

图 1-14
北宋　佚名　孔雀明王图
绢本设色　纵 168.5 厘米、横 103 厘米
日本京都仁和寺藏

图 1-15
南宋　佚名　普贤菩萨图
绢本设色　纵 114.8 厘米、横 55.1 厘米
美国克利夫兰艺术博物馆藏

图 1-16
北宋　山西高平开化寺大雄宝殿西壁壁画
大方便佛报恩经变

图 1-17
北宋　山西高平开化寺大雄宝殿东壁壁画
大方广佛华严经变

图 1-18
北宋　山西高平开化寺大雄宝殿北壁西次间、东次间
均提童子出家得道经变、观世音菩萨法会图

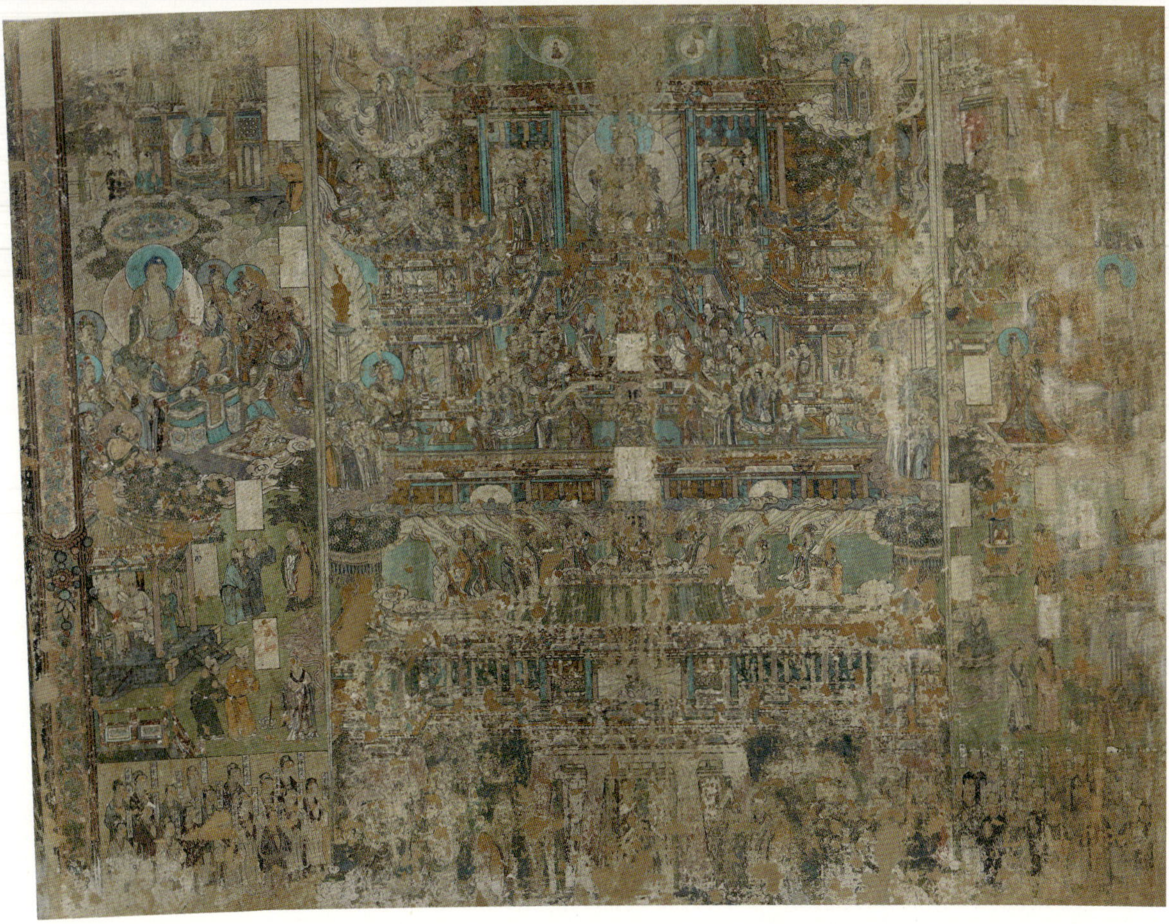

图 1-19
北宋　山西高平开化寺大雄宝殿北壁西侧壁画

图 1-20
北宋　山西高平开化寺大雄宝殿西壁、北壁壁画
大方便佛报恩经变

图 1-21
金　山西繁峙岩山寺文殊殿壁画
释迦牟尼佛传故事

图 1-22
金　山西繁峙岩山寺文殊殿东壁
释迦牟尼佛本生故事

图 1-23
金　山西繁峙岩山寺文殊殿东壁
鬼子母本生故事

图 1-24
金　山西繁峙岩山寺文殊殿壁画
左图右史

图 1-25
金　山西繁峙岩山寺文殊殿西壁
佛传故事之百官朝贺（朝见太子）

图 1-26
金　山西繁峙岩山寺文殊殿西壁
佛传故事之百官朝贺（卫队护卫）

图 1-27
金　山西繁峙岩山寺文殊殿西壁
佛传故事之魔王鬼卒

图 1-28
金　山西繁峙岩山寺文殊殿西壁
佛传故事之乘象入胎

引言

在中国传统寺观壁画的发展过程中，从未停止过规范化进程，它所具有的特殊的教化功能，自先秦时期起就一直为宫廷、官府所倚重。虽然目前尚未发现唐代以前的能证明规范化的实例，但敦煌莫高窟藏经洞唐代粉本的出现，可视为画壁章法、布局、形貌的一个规范。因为画壁是有严格标准的，作为粉本得以传世是这个行业内公认的标准和规范，是以此为依据的图像样式，引领时代的审美风尚。另外，壁画从业者的身份在历朝历代的归属部门不同，职位名称有供奉、待诏、锦衣卫等；社会地位也时有变迁，但始终围绕在天子周围，或为“天子私人”，或为闲官，或授实职，在宋代翰林图画院成立伊始便各司其职，有了更为明确的责任和义务。金、元、明、清在这一规范下虽有调整和变迁，但大都不出宋代规范的框架，所以宋代总结前朝影响后世，是中国传统壁画的规范化进程中最为重要的时代。

先秦两汉壁画虽兴，但绘制系统、体系尚不完备，尽管如此，其在发展的过程中，已为后世做了充分的准备（图 1–01、图 1–02）。

绘画至魏晋南北朝进一步成熟和发展，初步形成完整的体系（图 1–03），绘画理论的发展对绘画实践进行了梳理和总结。张彦远在《历代名画记》中曰：“魏晋以降，名迹在人间者，皆见之矣。其画山水，则群峰之势，若钿饰犀栉，或水不容泛，或人大于山。”[1]“自古论画者，以顾生之迹，天然绝伦，评者不敢一二。余见顾生评论魏晋画人，深自推挹卫协，即知卫不下于顾矣。只如狸骨之方，右军叹重；龙头之画，谢赫推高。名贤许可，岂肯容易，后之浅俗，安能察之？”[2]绘画的表现语言、内容、形式及品评有了较为统一的标准，题材、科目渐次明了，山水、人物也为

[1] 引自（唐）张彦远《历代名画记》，第 18 页，卷第一之“论画山水树石”；浙江人民美术出版社，2011 年 12 月第 1 版，2015 年 6 月重印。

[2] 引自（唐）张彦远《历代名画记》，第 22 页，卷第二之“论师资传授南北时代”。

唐代分科做好了准备（图 1-04）。魏晋南北朝时期名家高手辈出，曹卫、顾陆、张僧繇等名家各领一代风骚，在师承关系上也一脉相传。根据张彦远在《历代名画记》中的记载，卫协师曹不兴，顾恺之、张墨、荀勖师于卫协……卫协、戴逵师于范宣……陆探微师于顾恺之……这么依次排序，美术史上彪炳千古的人物，竟然是这样的门第、如此的师传。溯画之源流，此时的绘画显然还不是个人意趣的抒发或者画外功夫的修炼，还不具文人画之特点，而是秉承着“成教化、助人伦”，绘画只是一个载体，强调的是绘画之外的社会文化功能，特别是道德教育的意义。图画为何？张彦远曰：“《广雅》云：‘画，类也。’《尔雅》云：‘画，形也。’《说文》云：‘画，畛也。象田畛畔所以画也。’《释名》云：‘画，挂也。以彩色挂物象也。’……曹植有言曰：‘观画者，见三皇五帝，莫不仰戴；见三季异主，莫不悲惋；见篡臣贼嗣，莫不切齿；见高节妙士，莫不忘食；见忠臣死难，莫不抗节；见放臣逐子，莫不叹息；见淫夫妒妇，莫不侧目；见令妃顺后，莫不嘉贵。’是知存乎鉴戒者，图画也。”[3] 绘画尤其是画壁自先秦直至晚明，无不为历代帝王及国家机器所倚重，视为国家体制中重要的舆论宣教工具，所以在国家倡导并恪守的教化、礼乐、功能及正统与标准上从未有过大的偏离。张彦远曰：“凡人间藏蓄，必当有顾、陆、张、吴著名卷轴，方可言有图画。若言有书籍，岂可无九经三史？顾、陆、张、吴为正经，杨、郑、董、展为三史，其诸杂迹为百家。吴虽近，可为正经。”[4]

把顾、陆、张、吴在绘画上的正统视同中国文化中的“四书五经”，显示出对其正统地位的认可，另外说明在中国数千年的文化

[3] 引自（唐）张彦远《历代名画记》，第 3 页，卷第一之“叙画之源流”；浙江人民美术出版社，2011 年 12 月第 1 版，2015 年 6 月重印。

[4] 引自（唐）张彦远《历代名画记》，第 32 页，卷第二之“论名价品第”。

[5] 引自《唐朝名画录》，第1页，见《唐朝名画录序》，（唐）朱景玄撰，温肇桐注，四川美术出版社，1985年3月第1版。

传统中，画史、画评、画理均对题材、内容、画法，有相对恒定的标准和要求。历经隋朝的短暂过渡，唐代在山水、人物、花鸟画领域进一步系统化，分科渐次明确。朱景玄在《唐朝名画录》中说："夫画者以人物居先，禽兽次之，山水次之，楼殿屋木次之。……近代画者，但工一物，以擅其名，斯即幸矣。惟吴道子天纵其能，独步当世，可齐踪于陆、顾，又周昉次焉。"[5]

严谨的师承和训练，使每一种风格、样式、内容及从属的技法都臻于完善；更为重要的品鉴标准的确立，更是高屋建瓴地对绘画起着指导和引领作用。张彦远把"气韵生动"放在作品的品评标准之首，对中国绘画的气韵、形神、章法、笔墨产生了巨大的影响，也左右着其在美学上的整体追求。也因此，对作者、作品的品鉴详尽而具体，自古而下梳理得条理清晰，披图可鉴。这些名家画手的高古超迈之作大致分为两类，一类是存于寺观殿宇的画壁，一类为绢纸绘画。壁画依附于建筑，中国建筑的主要形制是土木结构，与人与自然有着和谐自在的关系，但极易毁于战火、动乱及自然灾害。壁画的载体是建筑墙面，建筑不存则墙倾画摧，人为的破坏更加严重。绢纸绘画则多为私人收藏，在交游圈内流通，因交流、展示方式等因素局限，世人轻易不得见之（图1–05~图1–07）。

唐代是中国文化辉煌绚丽的时代，疆域辽阔，国富民强，商贸兴盛，引万国来朝。唐玄宗于开元初（713年）创置翰林院，召天下有奇才异能之士于宫廷，其中包括词学、经术、合炼、僧道、卜祝、术艺、书奕等科目，吴道玄、陈闳、韩干三人曾在玄宗朝被召为供奉。供奉是承袭汉制，作为官职的供奉在唐代为泛称，并无定编，由皇帝直接敕封，供奉与待诏在唐代官制系统中大致相同。唐代翰林院与两汉金马门、魏晋南北朝文林馆比较，更加制度化和正规化。前朝所设金马门、文林馆，所召者多为长于文学、经术之待诏。唐代自唐玄宗开元初以来的20余年间，所召仍以文学待诏居多；但长于琴、棋、书、画、卜、医、天文的奇巧异技者也能被翰林院召入，并被冠以“翰林待诏”“供奉”之名号。这些人才的集中调度和使用，在国家层面上为绘画行业的发展、兴盛起到了推动、促进的作用。唐代大家辈出，初唐时期有阎立本、尉迟乙僧，盛唐时期有吴道玄、张萱、周昉、李思训父子、边鸾、韩滉、薛稷、曹霸、王维、张璪等，中晚唐时期有韦偃、孙位等。这些名垂画史的巨匠竟集中出现在唐代280余年间，在各种画史画论里还记载有太多不能逐字抄录进来的画手（图1-08、图1-09）。

五代十国时，偏隅蜀地的西蜀翰林院也是设置齐全，名家高手云集，尤以黄筌、黄居宷父子以及阮知诲、阮惟德、高从遇、李文才等人最为知名，均为西蜀翰林院的待诏、供奉。而南唐中主李璟也在宫廷设立翰林图画院，吸引各地画家，前来的著名画家有曹仲玄、周文矩、顾闳中、王齐翰、赵幹等。自唐以来，西蜀翰林院召入的待诏、供奉人数居首，显示出远离中原的西蜀宫廷绘画之兴盛。北宋一统江山后，把西蜀画家并入国家翰林图画院，尤其黄筌画风统领画坛审美风尚百余年就并非没有缘由了。

壁画从北宋开始呈现了一个制作体系上的规范化面貌，从历史的角度推断，应该起于两汉时期。敦煌壁画自北魏始基本未曾中断，但也只在唐代归义军时期建立起地方画院，有简单的记述敦煌壁画的制作流程，从美术史上记载的线索当中去梳理，那些代表性的画家他们在绘制壁画时，做了哪些工作并找出充分的例证和依据。这个“正统”的地位，是延续着怎样一个脉络承传下来，纵观绘画史可以看出，是延续着一个正规的、跟宫廷的制作有不可分割的脉络联系。在壁画的遗存中也可以找到这个脉络，找到真实的图例佐证。壁画制作系统与规范即是绘画性的正统表现，指的是绘画的“理”和“法”在实际的制作当中的体系化过程，可以视为中国绘画传统的正脉。从先秦时期有壁画开始，直到后来逐渐形成规范，集规范大成于宋代。宋代由皇家参与把体系及制作的步骤都加以规范，此后历代虽有改良，或者加以改变，但始终都在这样一个规范的框架中，是我国传统壁画的“正脉”。与这个“正脉”相比较，在后世占主导地位的文人画更强调的是书写性，它是唐代以后从绘画性正脉中分离出来，成为中国绘画发展过程中突起的新军。

从中国绘画史的进程来看，中国壁画发展传承的正是这个绘画性正脉的集中表现。尽管中国绘画发展的过程曾有过多次对其他文化的借鉴和融入，但始终没有改变中国传统绘画的基本格局。

五代时期，画院的出现为绘画形成规范准备了很好的基础。西蜀画院、南唐画院、敦煌画院，美术史上至今比较明确的这三个画院，显示出地方性的特点。它们在壁画上各有成就，但地方性有自身的特点，那个时候中国还未一统江山，哪一支都不能够成为画作系统当中的规范，但是也都为统一的规范准备了条件（图 1-10、图 1-11）。北宋的统一，才有可能由国家组织统领，集全国的画师建构画作系统，使之规范、整合更加系统化，这个制度包括绘画制度、建筑制度。都料将、勾当将各种名目、职位设置齐全，职位高低排序皆依章行事，所谓的制度化就是模仿官府体制。建立行业规范使画塑行业的制作管理形成规范，这是基于自身的要求建立和完善起来的。

临摹是中国传统绘画中学习、借鉴和保存历代名画的一个重要手段，宋代所做的大量复制性工作，是另外的一批国家工程。集全国最好的工匠于宫廷，制作队伍中人才济济，有师徒、父子同时被召，传承有序。这是一支专业的队伍，是职业画家，而基本的文化修养是职业画家必须具备的，是绘画技能之外的另一面。文人从另外的一个角度切入，是非专业画师所为。文人画从北宋末至南宋初，从苏轼、米芾才开始真正地形成，参与到了绘画史的过程当中来。这个时期，宫廷画院画学制度的建立和管理制度的完善，包括国家工程的实施，使国家的规制得到了真正意义的统一。

师徒制是中国传统绘画很重要的传承方式，即在父子或师徒之间，进行口传心授的口诀式施教、继承。这是中国艺术传承的一个独特的方式。在《益州名画录》中，黄休复有关于北宋巴蜀地区的记录，都是从宫廷一路传承下来的，可以作为依据。还有范成大、陆游，他们的著述曾涉及寺观壁画。画院制度的建立、绘制工序的完善，可以具体到工匠在绘制绢本、纸本的时候，他们所做底子是根据画什么来处理，相当于画“面”上的工作。壁画地仗工程部分是为了好画做了一个底子，底子的好坏决定了壁画的存世期限。地仗的质感和颜料的质地不同，生或熟、干或湿，均需要做成熟和规范的技术性处理。所以它就会形成一个规范化的制作系统，这是一个以绘画为专业的规范，北宋时期就是在国家指导下的规范体制，延续到明代都是在这条主线上。宋代佛道并兴，在这条国家体制支撑的主线上人才辈出。

第一节

两宋时期壁画绘制的工序体系化

一、粉本的出现

壁画因画幅巨大、绘制难度较高、工期漫长，用以往的粉本作参照对比，先作大的构图布局，经营位置是也。除完整的粉本外，为使用方便灵活，将整铺壁画拆分成若干个局部，人物、山石、树木归类整理，携带、制作便利，为主要物象刻画提供精细的参照依据。

唐代画论及文献中有关壁画制作的记载常用绘事、赋彩、白画、设色、白描、布色、工人成色等描述。在绘制环节中，粉本的作用至为关键。据史载，古人作画时，先将画粉施于画样之上，再根据画样落笔定稿，所以将画稿或底稿称为粉本。唐代诗人韩偓在《商山道中》诗中说："却忆往年看粉本，始知名画有工夫。"粉本的重要性可见一斑。历代文献中均记载有粉本的流传方式、样式、地域，以及粉本与壁画绘制的关系等史料。其中，吴道子、曹不兴的造像传播甚广。

粉本以实物为例，敦煌藏经洞发现的唐代粉本，用羊皮或多层厚纸制作而成（图 1–12）。绘制方法是在纸或羊皮上勾绘出构图或形象，沿所勾线迹用锥子扎透呈小孔状，使用时将扎过孔的厚纸或羊皮固定于墙面，用红垩土或白粉均匀拍打，色粉便透过小孔留痕于墙壁，然后沿着色点用毛笔连线勾画，线稿就成形了。另一种粉本也称白画，即为正稿所绘的小样，汉代已有之。唐代吴道子、王维都常作白画，宋代进一步发展，李公麟、武宗元为个中高手，有白描图卷传世。这两种粉本在中国传统壁画制作中都应用广泛，对壁画样式和风格的传承起到了重要作用。

"治平乙巳岁雨患，大相国寺以汴河势高，沟渠失治，寺庭四廊悉遭淹浸，圮塌殆尽。其墙壁皆高文进等画。惟大殿东西走马廊相对门庑，不能为害。东门之南王道真画《给孤独长者买祇陀太子园因缘》，东门之北李用及与李象坤合画《牢度叉斗圣变相》，西门之南王道真画《志公变十二面观音像》，西门之北高文进画《大降魔变相》，今并存之，皆奇迹也。其余四面廊壁皆重修复，后集今时名手李元济等，用内府所藏副本小样重临仿者，其间作用各有新意焉。”[6]

“大中祥符初，有西域僧觉称来馆于兴国寺之传法院。其僧通四十余本经论，年始四十余岁。丁晋公延见之，嘉其敏惠。后作《圣德颂》以上，文理甚富。上问其所欲，但云：‘求金襕袈裟归置金刚坐下’。寻诏尚方造以给之。觉称自言酤兰左国人，刹帝利姓，善画，尝于译堂北壁画释迦面，与此方所画绝异（昔有梵僧带过白氎上本，亦与寻常画像不同，盖西国所称仿佛其真。今之仪相始自晋戴逵，刻制梵像，欲人生敬，时颇有损益也）。”[7]

粉本使中国传统壁画的精粹得以传承。壁画创作属高难度工程，非个人之力可以完成，历代圣手所绘在行业内会产生广泛影响，而引领一代画风，所留造像或粉本广为后学摹写传抄；或选经典之作依壁对照勾画，创造新的粉本。故曹、张、吴、周几家样式广为流传。唐代粉本已经成熟，以此推断起源应更早。

二、《宣和画谱》与绘画分科

两宋是古代中国文化集大成之际，宋朝历代君王都嗜书画，尤以徽宗为甚，殚心竭力，虽未成为一代明君且身陷囹圄，国破家亡，山河凋零，但作为艺术家却前无古人，后世难及（图 1-13）。徽

[6] 引自［宋］郭若虚《图画见闻志》卷六，《近事》之相国寺；见《图画见闻志·画继》，第 242 页。潘运告主编，米田水译注，湖南美术出版社，2000 年 4 月第 1 版，2010 年 10 月第 2 版第 4 次印刷。

[7] 引自［宋］郭若虚《图画见闻志》卷六，《近事》之觉称画；见《图画见闻志·画继》，第 228-229 页。

[8] 引自俞剑华注译《宣和画谱》，第1页“宣和画谱叙”；江苏美术出版社，2007年6月第1版。

宗主政的宣和年间，画学得以大兴，翰林图画院自雍熙年愈发正规，至徽宗达到鼎盛时期，内府收藏日趋丰富，于是集宫廷所藏的历代著名画家的作品目录，编撰成《宣和画谱》，以备查考。这部著作系统地梳理、编纂画史、画论、画家，为宋代翰林图画院对各类绘画的归纳、规范、管理以及进入国家体制起到了无可替代的作用。此部大书的编写，集中了北宋时期国家书画类的杰出人才，在大致内容和方法上也仿照了前朝画论、画传的文体。

《宣和画谱》开篇言：“河出图，洛出书，而龟龙之画著见于时……乃集中秘所藏者，晋魏以来名画，凡二百三十一人，计六千三百九十六轴，析为十门，随其世次而品第之。”[8]

《宣和画谱》是北宋时期最为重要的绘画专著。虽然宋代之前有多本绘画著述，如唐代张彦远的《历代名画记》、朱景玄的《唐朝名画录》、段成式的《寺塔记》，宋代有刘道醇的《圣朝名画评》、郭若虚的《图画见闻志》，但《宣和画谱》是站在前述著作之上，不仅对前代抄录错误之处进行了订正，还有了更多的评论和见解，最为重要的是对绘画师承、谱系的排列、梳理更加系统而缜密，这是宋代各个行业系统化的结果。该书虽然和《营造法式》不是同一类著作，但可称为宋代的绘画类“百科全书”。

绘画在唐代已经开始单独分科，但如《宣和画谱》把绘画分出十门还是首次。分科的严密和系统化说明了：第一、北宋绘画的发达，人才之盛，专长于一项兼攻其他。宋代画家的综合素质和修养，理论上应高于前朝，更为重要的是熙宁年间翰林图画院的建立，标志着北宋有了真正意义上的职业画家，并融入了官籍系统——他们不再是秘阁、少府监、金马门、文林苑、翰林院的游离于官家体制之外的天子私人，而是具有官品和国家供奉的职业画家。第二、制定了严格的有章可循的制度，在画院本职之外的国家工程和派遣，都是按照画院制度来规范执行，再不会发生如《历代名画记》所记载的宫廷画家毛惠远因谗言和不被信任而获罪的情况。这本来是不应当降临到专司绘画的画家头上的，在严格精细的规章制度建立起来之后，就再也不必担心会出现这种情况了。因为工程所有的用料、工期、用人都有定规，各司其职，画家只需专注于绘画即可。因绘画的兴盛、分科的精细，画家可以专注一门，精研其法，终有所成。由此，绘画十门的各类技法应运而生。可以说宋代对前朝绘画系统的总结，在盛唐、五代的基础上又更进一步，为金、元、明、清时期的画理和画法的发展做了充分的准备。

三、《营造法式》

“造壁画之制：先以粗泥搭络毕，候稍干，再用泥横被竹篾一重，以泥盖平，又候稍干，钉麻华，以泥分披令匀，又用泥盖平；以上用粗泥五重，厚一分五厘。若栱眼壁，只用粗细泥各一重，上施沙泥，收压三遍。方用中泥细衬，泥上施沙泥，候水脉定，收压十遍，令泥面光泽。凡和沙泥，每白沙二斤，用胶土一斤，麻捣洗择净者七两。”[9]这是宋代大科学家李诫在《营造法式》中对壁画的地仗制作的精到论述，为宋代以后的壁画墙体制作树立了标尺和规范。

北宋立国后，国家工程日盛，宫殿、署衙、庙宇、道观、园林的建造日趋铺张豪华，管理上漏洞百出，官员贪污腐化，国库开支巨大。针对这些问题，制定、规范各种建筑、设计、材料、施工、

[9] 见《〈营造法式〉译解》卷十三“泥作制度”，第198页；（宋）李诫撰，王海燕注译，华中科技大学出版社，2015年6月第1版。

验收标准，明确建筑的等级制度、形制及工料限制，防止贪腐盗窃的条规亟待出台。宋哲宗元祐六年（1091 年），皇帝颁诏，由将作监第一次编成《营造法式》发行，史称《元祐法式》。但该书不够严谨，缺乏用工用材制度，粗放管理，仍不足以杜绝工程施工中的弊端，故而，北宋绍圣四年（1097 年），李诫奉诏编修考订。李诫系世家出身，有十余年工程建设施工经验，他引经据典，在两浙工匠喻皓的《木经》的基础上，参照不同的行规、操作方法及要领，厘清各类建筑构件的加工、制作及形制，殚心竭虑完成了《营造法式》，于宋崇宁二年（1103 年）正式刊行。全书结构严谨，内容详尽，是宋代建筑设计与施工经验的凝练集结，影响深远，意义非凡。

时至今日，除《营造法式》外，古代典籍中尚未发现有关壁画制作的连贯的，以厘清历代壁画制作的详细流程和工序为内容的专述著作，在画论里大多记载的是画家的个人评述。

宋代佛道并重，虽国力衰微，内忧外患，但寺观修建工程繁多，寺观壁画也得到前所未有的发展（图 1-14、图 1-15）。最为著名的修建于宋徽宗时期的玉清昭应宫，召集天下名手参加，带动了壁画绘制行业的兴盛。

汴京的大相国寺的修建和壁画绘制影响巨大，参与绘制的主要是翰林图画院的画家。高益在大殿行廊左壁绘制了《阿育王变相》，高文进在大殿绘制了《降魔变相》等，王道真在大殿西门绘制了《给孤独长者买祇陀太子园因缘》，另有文字记载王端、石恪、孙梦卿等人也曾在相国寺绘制壁画。他们对民间画塑行也不排斥，曾吸收民间画师共同绘制。

第二节

宋金时期寺观壁画的理法分析

北宋以降，宫廷绘事发达，强调诗书画印和具有文人气息的卷轴画作品渐成社会时尚，而“绘壁”一事，则由专司其职的画师从事，影响了宋代传统壁画整体的发展。宋代大力提倡道教，寺观壁画得到了整体提升。据载，玉清昭应宫壁画工程招募画家，应召者竟多达3000余人，如此规模和气势超越了前朝历代，名家武宗元、王拙、张昉等人胜出，领衔率百余名画家绘制完成，传承数代，影响甚远。但这些记载于典籍的壁画未能传世，随着历史湮灭。壁画绘制体系的建立、规范和完善波及民间，高平开化寺虽为名不载册的民间画师郭发率众所绘，但仍能从中看到宋代壁画绘制系统的强大和正统文化的辐射。以下试从对山西高平开化寺和繁峙岩山寺壁画的图像解析中，探求宋代以后壁画绘制理法的路径。

一、高平开化寺

宋代壁画除敦煌莫高窟外，作为中国文化中心的豫、陕、晋地区鲜有遗存，山西芮城、高平、灵丘、应县、朔州、繁峙的寺塔内零星有宋、辽、金壁画。单论寺观壁画，高平开化寺是目前国内仅存的北宋壁画，对研究中国美术史和佛教史有着重要的价值。

山西高平开化寺大雄宝殿壁画，是我们今天能够看到的几乎是仅存的规模较大且保存良好的宋代寺观壁画。开化寺位于山西省晋城高平市东北，是典型的中国寺庙格局。它坐落于舍利山半腰，坐北朝南，三面环山。据考证，开化寺创建于五代前，原名清凉若，五代前后寺院得以拓建，北宋时期进一步获得发展，日趋繁荣，遂更名为开化寺。开化寺历经磨难，多次修缮改建复原，数度兴衰，遗留现有规模形制存世。

开化寺主体建筑大雄宝殿是寺内存世最早的殿宇，据记载，约于宋神宗熙宁六年（1073年）左右动工，19年后完工。殿内东西两壁和北壁的东、西两个次间及栱眼壁面，有北宋元祐七年（1092年）至绍圣三年（1096年）绘制的传统胶彩壁画，面积为88.68平方米（图1-16~图1-18）。

大雄宝殿内有墨书题字两行“丙子六月十五日粉此西壁，画匠郭发记并照壁”；后檐明间西平柱内侧东隅还有墨书一则“丙子十月冬十五下手搞谷（孤）立观音，至十一月初六描讫，来春上彩，画匠郭发记”。题记无重描、涂改痕迹。把字迹清晰的字样与壁画榜题对照比较，在间架结构、行笔、运笔、行距上十分接近，应为同一人书写。另有《泽州舍利山开化寺修功德记》碑记载：“姑以元祐壬申正月初吉绘□佛殿功德，迄于绍圣丙子重九灿然功已。”根据题记和碑记推断，大雄宝殿“报恩经变”壁画由郭发率众绘制，完工于绍圣三年。但除题记外，所遗史料碑文中均不见郭发个人资料，以此判断郭发应为应召的民间画工，宋代时称画师、画匠、笔工等。“报恩经变”壁画面积虽不是宏幅巨制，但内容繁多、构图细密，风格绘制手法统一和谐，应是郭发主笔，由搭档、徒弟、助手协助完成。

壁画所绘“报恩经变”的画面内容相互关联，画面连环，自正门西壁南端起首绘制，以顺时针方向环壁而绘，符合佛教右绕拜行的仪轨，四铺皆为说法图。壁画所绘内容依据《大方便佛报恩经》（《大藏经》）第三卷，说法主题画面及每段故事收尾处均有榜题或未及书写内容的空白题框，为解读画面、辨识内容提供了重要依据。

殿内四铺说法图为报恩经变的主题画面，画面章法布局、人物造型、绘制手法及风格协调一致。第一铺说法图由云气承托与故事图分隔，居中位置主尊于束腰仰莲台座上结跏趺坐，头顶中前部凸显髻珠，周围为青绀色螺发，眉间生白毫。

高平开化寺壁画集多种经变而成，共分七卷九品。故事有20种，涉及孝行、报恩、救济、业报、布施等诸多内容。

高平开化寺报恩经变集中表现了《报恩经》的主题思想，壁画绘制四铺说法场面和九种故事，使经变思想及内涵依据经典叙事结构充分而系统地展现出来。故事劝导教化众生，释迦为之开方便之门。

开化寺经变画围绕四铺说法图展开画面，依常规叩拜方式开始。西墙第一铺依据《报恩经》开始绘制，内容展现了《报恩经》的缘起。第二铺的表现内容则截取卷三"论议品"前段，点明因孝成佛的核心思想。唯第四铺表现指向不够明了，以目前研究应是推崇弘扬《报恩经》，让更多人认识传诵膜拜。九种壁画故事里有孝行、求法、利济众生和业报内容加引子部分，沿四部说法图周围展开而各自含义有别。

经变内容合理地分布在西壁和北壁西部两墙，布局得当，前后左右呼应，合乎常规的阅读方式（图1-20）。西壁所绘三铺说法图附七种故事，旨在阐述《报恩经》思想。而北壁西部第四铺说法图附两种故事，循循善诱，指向明确，力劝世人应知恩图报，一心向善，远避恶报。西壁右侧绘制的第一种故事图与第一铺说法图相互衔接，内容为《报恩经》缘起，图中讲述阿难在王舍城颂扬婆罗门子孝行时，不期遭遇六师诘难诽谤释迦牟尼，预列引出说法图，绘阿难求问释迦佛有关孝行疑难，释迦佛为阿难解惑，遂引出经变故事。紧接着四方如来的显现，强化了《报恩经》之重要。

开化寺第二铺说法图绘制在西壁居中位置，壁画下部所绘释迦前生的法身塔，对应东壁南侧的卢舍那像。艰难行孝的须阇提太子本生与舍己器官甚至性命以行孝的忍辱太子本生，彰显了成就佛道之思想。

开化寺壁画说法图在第一铺与第二铺绘制了两种与求法相关的故事内容，讲述历经苦难的华色比丘尼因缘和求法布施的转轮圣王本生。第一铺表现俗世的种种苦难，第二铺则表现为众生求益、燃灯求谒的故事。两铺相互关联，诠释求法（图 1–19）。

居北壁西部的第四铺说法图有总结意味。主佛两侧绘制的鹿女因缘和提婆达多因缘，从正反两面阐释善恶业报，旨在警示告诫信众要感恩父母、守法尊佛，以得现世良好业报、来世成就佛道（图 1–21）。

报恩经变广播以孝行成就佛道，中心意图在表述佛教孝行思想。相比敦煌莫高窟诸报恩经变有较大差异。

壁画题材及内容的选择在每个时代都有强烈的时代特征和文化指向，如禅让制度，追溯到尧舜远古时期，那时候禅让是一种君子式的顺利过渡，不是通过武力造反血腥杀戮等非法手段获得。唐朝李世民因玄武门之变夺得政权，武则天专权称帝后雕弥勒大佛，都是向历史回溯，寻找其执政专权的合法依据。洛阳天堂塔的建造是在武氏上台之前的头两年做的铺垫。薛怀义在佛教经典里面帮助武则天找合法依据，证明她是转轮圣王，是具有“天命”的，她就成为一个“正统”的女皇。宋朝赵匡胤是黄袍加身，自我设计获得政权，所以，他也要找一个“正统”“天命”，属于得于“天命”，就可以名正言顺地接掌全国当皇帝。政权转换尤其是以非常手段获得都是从这个上面——要么从宗教、要么从其他的方面，找合法性和正统性。北宋晚期，孝道被北宋王朝作为统治国民、衡量民众道德的准则尺度及规范推布全国，孝道观念流行于社会。据《宋史》记述，为医父母疾病，竟有人割肉刲乳、取肝抉目。以血腥、残酷的行孝方式宣教酷似须阇提太子、忍辱太子故事的现实版，足以说明佛教孝道观念对世俗孝行观念的影响。开化寺壁画报恩经变故事即是这种社会背景下的题材选择。

高平开化寺报恩经变的绘画手法及表现方式独具特点，与同时代敦煌作品对比有诸多不同，以经变构图方式和具体细节刻画与敦煌莫高窟同类壁画类比，总结归纳开化寺报恩经变的壁画特点。

高平开化寺报恩经变壁画内容是基于经文结构设计多幅排列说法图组合式布局，敦煌莫高窟报恩经变是以一铺说法图为中心的构图方式。开化寺经变壁画在四铺说法图中共绘制九种故事情节，按佛教礼拜习惯从西壁南端至北转至北壁西部，以多点构图按连续布局安排画面。报恩经变画共绘制900多个不同身份和大小的人物，还绘制有景物、建筑、器物、动物、山水等，场面宏大而刻画精微，主像巍然，各色人等排列井然，主次分明，大小有序，繁简得当。每幅说法图相互关联，四铺布局构图大体相同，均为自壁画下端两侧树间云气上扬，渐次叠进在壁画上部山峰相汇，构图呈稳定的金字塔状。壁画可分为上中下、左中右三部分，主尊说法图位居中部，上部为天界，下部所绘众生常是点题之笔，也是各铺说法图的核心内容。而左右两部上段绘制胁侍菩萨、弟子、诸天等，壁画下段则表现世间听法众生及供养人等。

报恩经变壁画若干故事形成不同的画面组合，构图布局匠心独具，灵活多变。一是打破时空，异时同构，将不同时段的同一人物做出的动作绘制在同一场景之中。二是打破常规寺观建筑，壁画绘制的场面内有建筑20余铺，种类繁多，数量惊人，分门别类有宫殿、亭台、城门、院落、楼宇、织坊、店铺等，绘制精准，为后世研究考证北宋时期北方建筑提供了可信的图像依据。所绘建筑的角度也与敦煌莫高窟报恩经变中正面观建筑有异，以四分之三的左侧面观呈现。三是密不透风、疏可走马、以密反衬、疏朗有致的布局特点。四是自然有序的间隔形式。经变壁画以建筑物、栏杆、树石，最重要的是云气随形顺势分隔说法图及故事图的各种场面，画面完整而生动。

相比较莫高窟报恩经变绘制于中唐延至五代，构图布局上常与诸多经变并置，单窟内多绘制七至十余铺经变故事，形成同室经堂系列的净土世界。报恩经变构图多为单铺说法图为中心，说法图居画面中心位置，故事图布局周围，通常中心说法场面比较大，大多分上下两段或三段安排主尊、四方佛、伎乐、听法众、建筑等。故事图因面积小分布周边。报恩经变仅表现四种故事，以表现须阇提太子本生和善友太子本生故事为多，而表现鹿女因缘和狮子坚誓因缘者为少。通过比较可以看出，敦煌莫高窟报恩经变图多是依据当地盛行的净土类经变布局，自盛唐而至五代，构图格局基本未变。

报恩经变以说法图为主脉，是壁画的主体画面。两地报恩经变说法图的构图结构相近，但内容则差异较大。在高平开化寺说法图中，释迦佛居中，上部表现天宫，下方则是场景。敦煌莫高窟经变上端多表现天宫，下端则是伎乐歌舞场景。报恩经变所绘人物众多，除主像释迦佛外，还有国王、王子、六师、仙人、官员侍从及普通民众；高平开化寺报恩经变中数量甚众，职业遍及各个行业，有士人、商人、贩夫走卒、农夫、衙役、屠夫、织工、行者、牧人、乞丐等，刻画入微，形象可信，衣着装束、动作仪态个性毕现，身份不言自明。敦煌莫高窟报恩经变壁画中民众数量偏少，多表现世俗人物聚集接物转递，头戴幞巾身着短褐，作汉地装扮。

高平开化寺报恩经变构图格局谨严、成熟，有严格的师承，人物传神，富有个性。设色典雅，以石黄、白垩土、石绿、赭石、朱砂、青金石、石青、红垩土等矿物质颜料敷色，至今色彩沉稳而不失堂皇，勾勒精妙，既有壁画之厚重大气又兼有书卷气息，人物造型俱显世俗特征。作为壁画的载体，地仗层经历近800年的风雨侵蚀、人为破坏，依然平整结实，足见传统地仗选料、制作之精良。比之敦煌莫高窟诸经变壁画虽技出中原，实与中西亚文化相融。画工虽技艺娴熟，但受学养、见识所限，大多画面平平，造型流于概念，但也有数个洞窟出现惊世骇俗的旷世之作。

二、繁峙岩山寺

北宋虽因“靖康之变”二帝被掳而亡，但它的文化以强大的基因继续辐射而得以延伸，当时中国北方的辽和金，吸收和融合了中原地区的传统文化，接受了汉族绘画的艺术形式和审美观念，也涌现出许多卓越的职业画家，并留下了弥足宝贵的重彩壁画遗存。

岩山寺，位于山西省繁峙县城东天岩村，地属五台山北麓，为五台山外围，古称灵岩寺或灵岩院，北宋元丰二年（1079年）前建寺，五台显通寺属院，是朝拜五台山的必经之路和重要的北向门户，距离县城36公里。金正隆三年（1158年）建正殿五楹，于殿内墙上绘制壁画，旋后再建文殊殿。据壁画题记与碑文记载，由68岁的“御前承应画匠”王逵与王道率众绘制完工，时间为金大定七年（1167年）。金代美术文献及史典均不见王逵生平记录，除仅存文殊殿壁画，也不曾有王逵画迹留存。有关岩山寺壁画作者及绘制年代有两处记载：其一为寺存金正隆三年（1158年）《灵岩院水陆记》碑刻，碑阴刻有“御前承应画匠王逵，同画人王道”的题记；其二为文殊殿西壁题记，“……大定七年前□□二十八日画了灵岩院普□□画匠王逵年陆拾捌……”，详述了供养人、画工姓名及竣工时间，依此推断岩山寺壁画绘制的年代。题记与碑刻为研究文殊殿壁画的重要史料，从两处记录时间断代，王逵应是从北宋归金的宫廷画师。金代因女真人政权，未沿袭宋制不设皇家画院。据《金史·百官志》记载，金代设有“祗应司”以“掌管宫中诸色作坊”，属下有画工编制，受诏待命于宫廷、官府。金大定时王逵年六十八，而绘制水陆殿壁画时为正隆三年五十有八，由此向上推算，他应当生于北宋哲宗时期（1100年），至1127年北宋亡时，他28岁，据此可知他学艺研修成长时间段应是北宋晚期。北宋文化滋养着青年画工王逵，艺业渐成时，却因“靖康之变”辗转入金。从正隆三年水陆殿壁画自置“御前承应画匠”来推断，他应为少府监图画署下“图画匠”。再画文殊殿壁画时为大定七年（1167年），题记仅写画匠而不题“御前承应”，疑为年老告退已不再服役宫廷。绘画品格之高下第一因素取决于绘制者，宫廷画师经层层筛选，多为技艺超凡有奇巧异技者方能应诏。金代岩山寺为五台山通北之要道，兵家必争之地，因连年战乱将士死伤无数；传言夜半金戈铁马，铮铮有声。《繁峙灵岩院水陆记碑》载：“太宗为经战阵之所立寺，荐救阵亡之士，何况此邦乃平昔用武争战之地，暴骨郊原，沉魂滞魄，久幽泉壤，无所凭依，男观女睹，嗟弹，岂不伤哉！极感厚人，矜□□□（悯一方），相纠命工图像，凡绘水陆一会，故以斯缘……兹乃如来设教之根本也。”由寺内碑刻记录所知，水陆殿为寺庙正殿，惜殿毁画失。遥想宫廷画师王逵正当盛年，意气风发率弟子十年面壁，呕心沥血经年图画，水陆殿壁画一定精彩纷呈尤胜文殊殿。千年一叹，850余年转眼，今见岩山寺文殊殿四壁皆满绘壁画，总面积为134.42平方米的文殊殿墙壁上，遗存壁画面积达97.98平方米，保存相对完整。内容虽为佛本行故事，但形象、服饰多为世俗人物且中原风俗跃然画面。东西两壁下端则漫漶不清，应为地面湿气返碱所致。

西壁所绘佛传故事又曰“佛本行故事”，亦称“释迦谱”，内容为释迦牟尼佛从出生到涅槃的过程。绘制形式以单幅情节为画面，或以连续画面描绘释迦牟尼的一生。《降胎图》绘制的是释迦太子降生的场景（图1-25~图1-27）。

东壁的壁画为佛本生故事（图1-22）。《说法图》为中心画面，释迦佛身披袈裟端坐莲台，光圈、火焰围绕，有祥云瑞气相托，菩萨、众神、比丘四周站立，两侧皆佛本行故事。岩山寺壁画的重要特点是所绘建筑皆可依图而建，东壁以宫廷建筑为中心画面，众多人物环绕穿插（图1-23）。

北壁西隅内容为《商船遇难图》，描绘了五百商人在狂风大浪的海面上航行遇难终获罗刹女营救的故事；北壁东隅绘《舍利塔院图》。

南壁损害最巨，因酸碱侵蚀，图像已模糊不辨。

岩山寺壁画面积不大但场面宏大、气势恢宏、形象精到、设色典雅、用笔凝练、结构合理、布局得当，是中国金代壁画中的优秀作品，其艺术水准之高，堪称壁上重彩版的《清明上河图》。繁峙岩山寺居于晋北，与晋南的永乐宫遥相呼应，被潘絜兹先生誉为中国山西寺观壁画的“双壁”。

岩山寺壁画的佛本行及佛本生故事，在内容安排和场景体现上，与现实生活场景结合得自然得当。在构图上，沿用壁画构图时空交错的特点，山移水转，画面密而有序、松紧得当。壁画中所绘山水、花鸟、人物无一不精，以细劲绵延的线条勾勒。人物造型精准，渲染有度；山水勾皴点染，“三远”俱现。众所周知，中国绘画用白至难，而岩山寺壁画对胡粉的运用纯熟自如，堆粉、撞粉之法融入树木花卉，沥粉贴金也恰到好处。建筑绘制结构谨严，界画技法娴熟，柱头、栏杆局部沥粉贴金。在色彩运用上，虽有青绿入画，但以矿物质颜料调制后更觉沉稳大气，赭石、朱砂、石黄、蛤粉各尽其妙，整体色调既彰显宋人朴素淡雅之风度，又兼富丽堂皇之气派。自宋代始，佛教壁画世俗化倾向日益明显，岩山寺壁画所绘建筑楼台、殿宇、市井百态、山川树石无不毕现金代世俗社会的现实生活场景（图 1-28）。其中建筑勾画最具特点：西壁宫殿巍峨，北壁人间仙境海市蜃楼，东壁酒肆茶楼及平房民居，无不精雕细琢、法度俨然，为后世研究金代建筑提供了重要依据。

岩山寺壁画虽完成于金代且在金国腹地，但壁画作者王逵 28 岁归金，其思想、学识、修养、游历、画艺已臻成熟，所画壁画充满老年画师对青年时代客居京城的追忆和回望。《东京梦华录·序》记录了北宋京都汴梁的盛景：“辇毂之下，太平日久，人物繁阜。垂髫之童，但习鼓舞；斑白之老，不识干戈。时节相欢，各有观赏……”[10] 作为世界第一大都市的汴京是人间胜景、世俗天堂。

市民阶层的形成，世俗文化的兴起，催生了宋代市井、瓦肆风情。瓦肆是指平民生活居住活动的瓦舍，逐渐成为比较固定的平民娱乐

[10] 引自《东京梦华录·序》，第 4 页；（宋）孟元老撰，邓之诚注，中华书局，北京 1982 年 1 月第 1 版。

场所。除设有提供演出的圈子，也叫“勾栏”，诸如说书、杂剧、角抵、讲史、说诨话、杂技、皮影、队舞等各种娱乐节目在此演出。市井文化下里巴人与庙堂文化阳春白雪异彩纷呈，各显其妙。

岩山寺文殊殿壁画虽绘制于金代，但却为我们展现了中原世俗生活画卷，在反映宋金世俗生活上不输于《清明上河图》。除上述建筑之描画有致外，所绘市井百态生动真实而又语言精练：壁画西壁的街景酒楼有亭榭一座，四面有勾栏，周边绿树环绕，清流蜿蜒，酒帘悬于楼外；而酒楼内宾客盈门，饮酒、品茗、聚会、嬉乐，神情各异；楼外街头人头攒动，商贾贸易聚散，有推车、摆摊、算卦、挑担，百业齐全，有妇女、儿童、盲人、游僧穿行，再现了当时的世俗生活场景。壁画东壁绘有磨坊水车画面，人拉肩扛的生产细节刻画，呈现了当时社会生活的真实状况，人物着装、旗帜仪仗、车马为今人研究宋金文化和世俗生活留下了珍贵的图像依据。

岩山寺金代壁画具有极高的文化价值，所画内容体现了真正意义的民族文化交融。金代少数民族入主中原，文化承袭北宋遗制，广召由宋入金的士人知识分子入仕，也大量起用有各种奇能异技的工匠参与战乱后百业待兴的城市与乡村建设。王逵带着他的壁画队伍在国破家毁后，裹在由宋入金的大潮中到了地处金国腹地的岩山寺，风雨十年。王逵以北宋所学丰厚的文化素养，以院体并糅入文人水墨画的技法延伸了宋代画风。与山西现存的历代壁画比较，岩山寺壁画在人物、山水、花鸟诸科无不精妙，与北宋传世卷轴画诸多近同。

岩山寺文殊殿壁画构图宏大，与通常规制中多以尊像为主、构图对称的经变样式不同，既保有壁画特点，又兼容了书写性的文人画特点。在诸多寺观壁画中，岩山寺壁画的艺术语言独树一帜，是新的创造与发展。

文殊殿壁画有卷轴画全景鸟瞰式的构图，格局开阔而深远，画面中心放置主题内容，其他故事情节安排在四周，没有选用常规的连环画式而是采取通景画式构图。通景式适合大场面多维空间和时间叙述，通过殿宇的遮映、山石的摆布、树木的交叉、云气的环绕，把不同的画面间隔关联起来，并以界画绘制大量结构严谨的金代宫廷建筑。构图整体设计周密，疏密聚散相宜，整体布局有诸多相对独立而又有共同的中心画面。各个独立部分相互关联而又从属于整体，密而有序，繁而得当。勾勒细劲圆润而富有变化，设色厚重古朴而又典雅，刻画极尽精微。尤以西壁特点突出，寺观和石窟壁画以尊像为中心的构图被颠覆，打破了固定的构图布局方式，以全新的视觉形式凸显。岩山寺文殊殿壁画是通景式构图的巅峰之作，在历史遗存的壁画中属罕见之作，也是富有创造力的创新之作。

宗教壁画崇高肃穆，通常寺观壁画构图方式是对称统一，局部的变化从属于整体格局的要求之中，这是中国传统佛教壁画的铺式结构特点，也是宗教绘画特点所在。佛教东渐传入中国后，犍陀罗艺术随佛教而来，确立了以佛为中心的对称格局，到唐代形成固定样式，每铺中标准配置是一佛二菩萨、二天王二力士。这与建筑中要求的均衡对称相一致，从而把雕塑、壁画与载体的建筑有机结合，融为一体。岩山寺文殊殿壁画采用了中国绘画构图中造险破险、以一当十、以少胜多等处理手法，既打破了物象间的对称关系，又在视觉上达到了平衡与对称，在人物、建筑、山水的大小、多少、轻重、缓急中，既富有变化又均衡统一。

虽然具有宏大的场面、复杂而繁琐的结构关系，但文殊殿壁画给人的视觉效果却是条理分明、一派井然。故事情节起伏跌宕，被建筑、树石、山水、云雾、榜题间隔又彼此关联，各故事与情节之间既相对独立又一统画面。传统格式中的榜题为解读画面起到了点睛作用，壁画中根据故事情节墨书榜题，是秉承了传统壁画中“左图右史”的习惯。岩山寺文殊殿壁画巧妙地沿用了这一方式并自然融入画面，在画面中不显突兀，以竖条形界框书写故事内容或记载供养人姓名，置于不同组合的画面之上，让阅读壁画者直观易懂。各自独立的画面因榜题而贯通，榜题之间也在语言上彼此呼应，方形直角使画面更加丰富并更具张力（图1–24）。

岩山寺文殊殿壁画最大的视觉亮点之一，是采用鸟瞰与多点透视相结合，打破时空和方位，将多种物象组合在同一画面中，山水中的“三远”法运用自如，局部有焦点透视的运用，但又不拘于此。多点透视使画面舒展流畅，云卷云舒，借景转换，充分体现了中国传统透视法则的独特性、灵活性和唯一性。

文殊殿设色高古，虽有大量石绿、朱砂渲染，但均被统一在古朴的色调之中，墨韵通达但丝毫无碍色彩之古艳。石青、石绿、朱砂、石黄均为天然矿物质颜色，因有较强的覆盖力，容易在画面板结、生硬而了无生机。但在色彩大师王逵的统筹安排下，石色水用，衔接自然，色韵、墨韵兼具，尤以胡粉运用为佳。人物面部三白、衣饰、建筑、祥云以胡粉晕染，浑厚华滋，润泽万物。壁画以中锋勾勒，兼有侧锋、逆锋运用于山水、花鸟，从汉唐的细劲连绵的装饰线，演变到更具有表现力的多种勾勒方式。勾线、填色、渲染、撞色、撞粉、撞墨等多种院体绘画技法应用得当，以浓破淡、以淡破浓、泼墨挥洒、皴擦点染的文人画法也有完美结合。文殊殿壁画把佛传故事置于整幅的山水之间，五代至两宋山水画成熟的技法得以全面应用，既有“大小李将军”的青绿山水，骨法用笔，勾勒为上，细密精致，以石青、石绿重彩勾填，色彩对比强烈响亮，兼有金粉勒线，通壁辉煌，是宋代宫廷院体绘画在民间的直接传承。但在金碧重彩设色中糅入水墨特点，壁画多处以水墨手法绘制，略施淡赭，几近白描。

文殊殿壁画以大量的建筑绘制著称，既有宫廷建筑群，也有与之呼应的各种规制建筑，东、西两壁对应，几乎占据半数铺面。壁画中绘制的金代宫殿与北宋宫室相差无几，其中西壁的建于城池中的宫阙与北宋汴京的宣德楼形如双子，验证了金代全面承袭了宋代的建筑制度。壁画表现的应为金中都宫殿，而中都依据汴梁建城，宫殿皆仿造北宋建制，因不得逾制所限，格局略有缩减。

壁画中大小建筑均以界画手法绘制，工整秀丽，远观气势宏大，近看精致入微。绘制者技艺娴熟，手法独具。大到宫阙、楼台、殿宇、城池、宫门、寺观、茶楼、酒肆、民居、舟船、饭铺，小到阑额、脊兽、瓦当、檐口、鸱尾、斗栱等，从建筑到配饰吊坠构件无不精雕细琢，虽然以界尺直线勾勒建筑，但却于法度严谨中蕴含轻松随性，处处充满画意。

文殊殿壁画兼具绢本、纸本绘画特点，气势恢宏但又书卷气十足。绘制采用了多种技法融于画面，传统的沥粉贴金工艺为壁画增色添彩，在遗存的寺观壁画中，以沥粉贴金技法表现如此大面积多物象的画面，实属罕见。从建筑柱头、兽头、瓦当、鸱尾到人物佩饰、璎珞、盔甲、背光等处，皆做沥粉贴金处理，正观侧看，倍感画面凸凹有致，富有肌理。在绘制与沥粉贴金工艺的结合上，岩山寺文殊殿壁画堪称完美的范例。

小结

历经漫长的发展，中国传统壁画从未停止过规范化进程的脚步，因为它特殊的教化作用，自先秦时期起就一直为宫廷、官府所倚重。虽然目前尚未发现唐代以前的能证明规范化的实例，但敦煌莫高窟藏经洞唐代粉本的出现，可视为壁画章法、布局、形神的一个规范。因为壁画是有严格标准的，作为粉本得以传世是这个行业内公认的标准和规范，是以此为依据的图像样式，引领一个时代的审美风尚。另外，壁画从业者的身份在历朝历代的归属部门不同，职位名称有供奉、待诏、锦衣卫等，社会地位也时有变迁，但始终围绕在天子周围，或为“天子私人”，或为闲官，或授实职，至宋代翰林图画院成立始便各司其职，有了更为明确的责任和义务。在这一规范下，金、元、明、清虽有调整和变迁，但大都不出宋代规范的框架，所以，在中国传统壁画的规范化进程中，宋代总结前朝影响后世，是最为重要的时代。

高平地处北宋边关，远离京城。从地理位置上看，绘制于边陲地区的开化寺大雄宝殿壁画，应不属于国家工程；郭发及所率工匠也均不在典册。但从壁画的章法布局、人物造型及设色、勾勒及地仗处理来看，无不显示出绘制过程的严格有度，其绘画水平应与专业画师无异，制作工艺也达到了相当的高度。这是行业的基本要求，也说明画工都恪守行规，富有专业精神，应了“高手在民间”的说法。因为每有重大国家工程，翰林图画院人手短缺时，常从民间画塑行招募能工巧匠参与。同时也进一步证明了在宋代壁画绘制体系规范化之后，整体行业得到了发展与提高，宫廷、官府、民间相互学习和借鉴，这是规范体系带来的文化盛景。

岩山寺壁画绘制者王逵、王道及其助手，完成了传世千年、令人惊叹的壁画作品，被誉为着色的《清明上河图》。王逵的身份曾为御前画师，即宫廷画师。在长达十余年的岩山寺壁画绘制过程中，王逵也从官身归为平民，但他完成的作品没有因他的身份变化而出现水平落差。他在远离故国旧土的北方，怀着虔诚之心，率领一众画师，凭记忆以超迈的情怀、老到的用笔，如泣如诉、创造性地画出了不曾有范本的壁画，这是个人经历的写照，中原是他的不舍旧梦。从高平开化寺到岩山寺，可以看出感人的工匠精神，他们信守行规，有自身的专业坚守，这是有宋以来，规范化带来的文化延伸。

贰

宋代壁画绘制的官方运作机制

图 2-01
宋　佚名　白衣观音图
绢本设色　纵 40.5 厘米、横 41.5 厘米
私人藏

图 2-02
北宋　赵佶　瑞鹤图（局部）
绢本设色　纵 51 厘米、横 138.2 厘米
辽宁省博物馆藏

图 2-03
南宋　李唐　采薇图
绢本设色　纵 27.2 厘米、横 89.6 厘米
北京故宫博物院藏

图 2-04
五代　黄筌　写生珍禽图
绢本设色　纵 41.5 厘米、横 580 厘米
北京故宫博物院藏

图 2-05

五代　徐熙　雪竹图轴

绢本水墨　纵 149.1 厘米、横 99.1 厘米

上海博物馆藏

图 2-06
南宋　普悦　阿弥陀三尊图 · 大势至菩萨（左）
阿弥陀三尊图 · 阿弥陀佛（中）
阿弥陀三尊图 · 大悲观世音菩萨（右）
绢本设色　纵 125.8 厘米、横 48.5 厘米
日本京都清净华院藏

图 2-07
南宋　金大受　十六罗汉图（局部）
绢本设色　纵 118.8 厘米、横 51.7 厘米
东京国立博物馆藏

图 2-08
宋　佚名　八相涅槃图
绢本设色　纵 110.2 厘米、横 59.4 厘米
日本大阪叡福寺藏

图 2-09
南宋　陆信忠　佛涅槃图
绢本设色　纵 110.2 厘米、横 59.4 厘米
日本大阪叡福寺藏

图 2-10
北宋　苏轼　潇湘竹石图
绢本水墨　纵 28 厘米、横 105.6 厘米
中国美术馆藏

图 2-11
南宋　米友仁　潇湘奇观图（局部）
纸本水墨　纵 19.8 厘米、横 289.5 厘米
北京故宫博物院藏

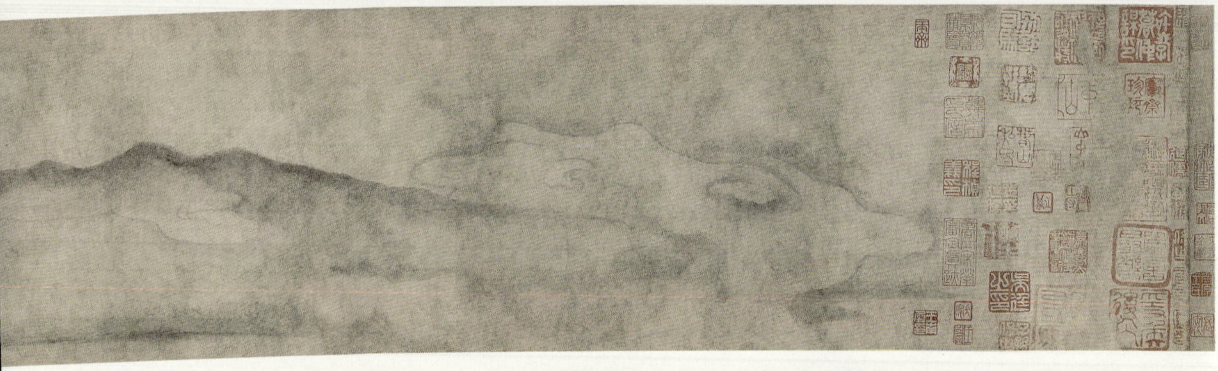

第一节

画院制度

一、宋代画院建立的文化语境

宋代是中国中古时期古典文化高度发展集大成之际，它是中国历史上最为奇特的一个时代：哲学、经学、理学、科技、建筑、文学、音乐、绘画等各类文化领域无不臻至巅峰，但这一切都建立在国势衰微、民族矛盾深重的基础之上；它有空前的中央集权，但又给了学术、思想以巨大自由；它执着于性命道德，但又尽享感官宣泄。各种学说在宋代得以完善，复杂的社会背景、强调个人内心的自省催生了理论思维的成熟。从历史的角度来看，先秦是中华人文的发端，尚在幼年；两汉魏晋南北朝则以中华人文的自觉进入青年；大唐雄风标志着中华人文迈进中年；宋代则是中华人文全面成熟的壮年，它以自己独有的时代特征区别于过去。市民阶层的形成，近世人文的兴起，休闲文化的繁荣，中国文化从汉唐走入两宋。

两宋是中国历史的转折点，它是大唐之后的一个重要的汉族政权。一方面经济文化高度发达，在文明史上承前启后，文化上有别于汉唐，也为元明所不及，陈寅恪总结为“华夏民族之文化，历数千载之演进，造极于赵宋之世”[1]。另一方面在国力上外强内虚，国家各种矛盾重重，尤其是民族危机深重（图 2–03）。北宋王朝在“靖康之变”后由盛而衰，南宋王朝则苟且偷安。宋朝子民历经歌舞升平与流离失所，一个时代在大悲大喜、动荡不安中奇迹般地苟延了300 多年。

宋代皇帝重任文臣，对士人施以前所未有的优待，赋予士人极高的社会地位和经济待遇，文化政策较为开明，社会教育、科学技术、经史哲学、文学艺术等领域都逾越前朝，达到了让后世仰望的

[1] 引自《陈寅恪集·金明馆丛稿二编》之“邓广铭宋史职官志考证序”，第 277 页；陈美延编，生活·读书·新知三联书店，2001 年第 1 版。

高度。在文化繁荣发展并取得辉煌成就的同时，国力虚弱、苟且偏安的局面始终没能彻底改变，重文轻武、重内虚外的治国体制和策略更加剧了这一状况。两宋时期的内忧外患使王朝在风雨飘摇中举步维艰、抱残守缺，特殊的社会结构使宋代社会的心理结构也变得复杂多样——“理学”与“宋词”最能反映这种文化心理。它们在文化形态、形式、旨趣上天差地别，互相冲突甚至完全相悖：理学主理，宋词言情；一个是对道德本性形而上的追求，一个是对情感本性形而下的追逐。特殊的社会背景，促使两宋人文的成熟与转向，从汉唐气象走向宋元境界。比之汉唐，宋代在美学追求上一是更趋于理性和成熟，二是关注世俗生活、休闲人生。

宋代文化以相对内敛、封闭、淡雅的特质有别于汉唐的开放、外向、浓郁（图 2-01）。重文轻武、重内虚外的政策造就了宋人特有的社会心理及文化心态：气吞山河、舍我其谁的民族自信不再，但在观天悟道、洞察人理方面却不让前朝；批判现实、反省人生，充满极强的忧患意识和济世情怀，其他朝代的士人知识分子多为不及，范仲淹的“先天下之忧而忧，后天下之乐而乐”代表了一个时代士大夫的集体心声。但另一方面，宋人又对个体存在、情感宣泄、人性自由表现出强烈的渴望与追逐，对生命本体意识的自觉又让人逃逸、遁退于现实，潜心于安适心灵的细腻体察；两面人生，一方面标榜道德仁义，一方面醉心于声色犬马，或退隐田园、放浪江湖。

在这种文化心理影响下，宋代的审美矛盾突出，其一体现在伦理教化及政教功能对审美领域的紧逼，其二是审美领域对伦理教化的背离。

宋代人文成熟的重要标志是理学。理学以儒家的伦理道德为基

[2] 引自（日）和田清《中国史概说》，第127、128页；商务印书馆，1964年5月第1版。

础，融合禅、道之思辨，三教合一，建立了博大精深的理论系统。它在一定程度上修补了原始儒家哲学本体论的缺陷，对佛、道理论给予回应；疏通了宇宙本体论与伦理学，用理论体系和本体依据为传统士子安身立命提供了坚实的思想基础。中国传统文化受理学影响深远，理学重在道德的完善和自我提升，从而对华夏民族的道德、操守、气节、责任和性格的塑造影响巨大。儒家人伦道德学说的提升与重建源于理学之兴的说法当不为过。理学影响之大，甚至主导了两宋及后世的审美意识及社会思潮的发展与渐进。对主体心性学说的反思与重构，使两宋之后华夏民族的主体性自觉得以促进，迥异于汉唐气象的宋元境界源于宋元士人的主体自觉。从自然天地的外向审美观照转向内向的主体人格境界。理学将心性论与宇宙论统一，强化审美的伦理功能及道德功能内化，宋代的审美哲学在思辨上超越前人的根源在宋学，理学尤甚。

宋代的特殊之处在于，在中国封建文明发展史上，没有哪一个朝代堪比其兼容、理性、创新、平等的历史和文化特征，它是中国人文的成熟与转折时期。钱穆在《国史大纲》中提出，宋代开始了平民社会，而不同于以前的贵族社会。宋代是中国封建社会文化的巅峰，人文传统趋于成熟。近世人文兴起，城市增加，市民阶层逐渐形成，彰显出人本追求。近世人文的特征在宋代文化中得到显著体现。

宋代是中国“近世人文”的开始，中外学者从多方面予以了论证。日本学者和田清在《中国史概说》中说：“在不断的发展过程中，逐渐普及开来，促进了庶民阶级的兴起，根本上改变了从来的以贵族为中心的社会，而带来了较强的近代倾向。”[2]社会的世俗化、文化的平民化是近代人文的重要特征；教育不再是贵族专享的权利，殿堂艺术融入平民生活，士人阶层的审美情趣趋于世俗化、多样化。宋代文化艺术在臻至完美、典雅、精致的特点之外，源于平民的世俗文化大兴并渗透普及了各个阶层。

纵观历史，不同时期的美学在理论形态上各有不同，两汉朴拙、魏晋空灵、唐代张扬、两宋缜密。在理学本体思辨的影响下，宋代美学在本体论上深入思考弥补了自身的不足，审美和伦理功能得以强化，主体品格与人生境界被高扬，理学家美学的立论之本凝成“文道合一”。宋人信奉道禅哲学，崇尚平淡自然，这一审美倾向渗透在各个领域，在绘画上则有了更为直接的显现。

宋代从汉唐的拓疆扩土转向固守社稷，雄风内敛；在审美上由奔放热情转为安静沉稳，从注重表现情景交融到潜心性情抒写，从形象、意境到韵味、逸品，从“境生于象外”到“味归于淡”，完成了美学的华丽转身。

宋学的核心是史学和理学。宋代美学深受影响，体现在人文的执着追求、凸显的本体思考、自觉的主体意识、贯通的史学精神、深沉的忧患意识。理学对佛、道辩证地筛选吸收与摒弃，使自身思辨理论体系谨严缜密，直接深刻地影响了两宋的审美品格、思维方式和审美精神。

现实精神和忧患意识是宋代史学经世致用的具体体现，社会转型加之民族危机，宋代的士人更加关注现实生存，审美追求也转向深沉苍凉。爱国、政治、民生、道德、人生是宋代文学的主题，苍凉与忧患是宋代文学的标志。

宋代士人淡然、平和、睿智、壮美，不复唐人的个性张狂、豪放，在艺术上壮美退隐了，转而追求心境意趣之美，凸显出和谐平淡的美学追求。

二、宋代画院的建立

在这种社会和文化背景下，北宋画院在皇家的积极参与和皇帝的身体力行下建立起来（图 2-02）。据史书记载，自先秦、两汉、魏晋南北朝、五代十国，无不有专事绘画的高手常伴君侧，他们以闲职、散官身份创造了灿烂的绘画作品。美术史上的定论是：唐翰林院至五代翰林图画院是中国历史上画院的雏形，滕固、王朝闻、潘天寿、俞剑华、王伯敏等美术史学家均在著作中有关于画院的论述，人文博士韩刚则论证得出结论：翰林图画院建立的确切时间是北宋初年。北宋翰林图画院是中国美术史上重要的篇章，它的出现也是中国美术专业化、系统化的开始。虽然自春秋战国以来绘画名家高手辈出，但不论身份、官职、官品、迁转、俸禄各异，在国家意志下，个人才能皆因国家需要而得以施展。他们与国家、宫廷的关系相对松散，画家的自由度也比较大。但自北宋翰林图画院建立，便确立了正规化、系统化、制度化的体制，它隶属于翰林院，主要职能是应供奉御前及宫内所需，根据官方的要求进行绘画、捏塑（雕塑）。984 年，翰林图画院创建之初的编制为：工匠、学生、祇候、艺学、待诏等无定员，勾当官 2 人；咸平元年（998 年）后定为学生 40 人及工匠 14 人（后减为 6 人），祇候 4 人，艺学 6 人，待诏 3 人。

勾当翰林图画院（内侍官）多为皇帝身边亲近的宦官，通常不是专业画家，《宣和画谱》中罗列的许多宦官的名字皆在画史上名不见经传。此一可作为依据考证北宋以前尚存多少名迹，另可说明在这一行业有相当数量的宦官占据要职，把持着话语权，甚至改写了一个时代的画史。

翰林图画院待诏，简称“翰林待诏”或“待诏”，始设于宋太宗时期，为图画院专业绘画技术官员，编制于不同时期为三二人不等，由下而上名为画学生、祗候、艺学。熙宁二年后，经考试由本司选择技术优长者依名次迁补。画学生为翰林图画院技术官职中最低者，在翰林图画院中是人数最多、工作量最大，责任也最大，又处于最底层的弱势群体。工人是翰林院内无官职的技术人员，在具体的工作中如果有良好或出色的表现也可获得晋升。在编的翰林图画院画家食国家俸禄，“请受”为宋朝俸料称谓，共有三项，包括料钱（月俸钱）、月粮（禄粟）、衣赐（春、冬两季），上至待诏，下至工人，均定额定编领取俸禄。

当历史行至北宋王朝出现翰林图画院，且形制功能又如此完善而周密，对前代的梳理、分类、临摹并有大量的新绘。让我们溯本追源重看中国美术史上最璀璨的历史。

且看待诏之渊源。“待诏”称谓据典籍记载，初见先秦，至西汉武帝时更为普遍。缘何称待诏？“待诏”之释义为等待诏命。《后汉书·志第二》中记载：“永元元年……太史令巡上绀有官用，除待诏”。“除”乃“拜官”“授职”之意，是汉代任命官吏的用语。颜师古注引如淳曰：“凡言除者，除故官就新官也。”以此推断，待诏在后汉已为官职了。

然而待诏虽有定额、职务，却并不意味着“待诏”这一官号已为正官。正官乃是中国官职系统中正式编制内的官员，正官有官名、

[3] 引自《史记》卷126《滑稽列传》第66，第3205页。作者：（西汉）司马迁，中华书局点校本，中华书局出版社，1959年9月第1版。

员额、品级、俸禄、职掌、任期及官署、隶属与迁转关系等。故秦汉时待诏虽为官职，但并非正官。

汉代设公车、黄门、金马门。皇室所需的各类有专学、奇技、巧工之人，在参加初次征召而未被皇帝召见前在公车等候，由皇家给予一定生活补贴，但因无定量，常不足以维持基本温饱。汉武帝召见东方朔“待诏公车”，每月“奉一囊粟，钱二百四十”，西汉最低等级官员“百石”月俸钱为七百二十。黄门比之公车距皇帝更近，最近的为金马门，又名鲁班门和宦署门。之所以谓之曰“金马门”，据《史记》卷126记载：“金马门者，宦署门也。门傍有铜马。”[3]清楚说明了门仅为署之门而非署也，故金马门为非正式之官署，为数颇众的“待诏金马门”者只是围绕皇室的一批组织松散、无固定职责、仅为皇帝服务的群体。

由于连年战乱，政权不稳，魏晋南北朝在两汉的基础上待诏设置规模略减，但仍有两个重要机构保留了下来，一个为梁代设于文德殿的学士省，另一个为北齐文林馆，职能等同于汉代金马门。

隋朝虽仅存27年，但建立了大一统政权，待诏制度沿袭前朝，未因时限短而衰微。

唐代翰林书画院始创于开元初（713年）玄宗时期，“翰林待诏”载于开元后世之文献，应与玄宗所创翰林院有直接关系。翰林院所招皆为身怀奇术异技之人，以绘画才能著称者应召被授予“翰林待诏”，他们围绕在天子身边，成为皇帝的私人助理，非常时期甚至协助皇帝筹划、设计、处置国家事务。唐朝虽然疆域辽阔、国家强盛，但翰林院仍无固定办公府衙，翰林待诏常随皇帝游走于不同宫殿，随时侍奉，翰林院的基本规模、学科种类也未超越两汉时期的设置。

西蜀、南唐虽国力羸弱，但因偏安一隅未经战乱，绘画获得了空前的繁荣与发展。据文献记载，翰林院以翰林待诏、供奉名官者西蜀甚众。自秦汉而下，魏、晋、南北朝直至唐、西蜀、南唐的宫廷画院体制下的待诏制度，在经历千余年的历史演变过程中虽有调整、变革，但待诏的基本特性始终未变，松散的体制，相对自由的上下关系，他们是天子私淑，从汉代的金马门经梁代、北齐而至唐代翰林院均不例外。向达先生所记安西万佛峡五代曹氏所开诸窟题名中有："□主沙州工匠都勾当画院使归义军节度押衙银青光禄大夫检校太子宾客竺保，清信弟子节度押衙□□相都画匠作银青光禄大夫白般继一心供养。"从上述题记推断，唐代归义军节度使衙已有"画院"建制，并设置"都勾当画院使"，下设"都画匠作"编制。

但这种松散的建制自北宋开朝却有了巨大的改变，雍熙元年（984 年），翰林图画院始创并隶属翰林院，自此，翰林图画院作为国家官署正式建立并在制度上逐步完善、规范。这是秦汉以降宫廷待诏制度所经历的跳跃发展，是 1200 多年来一成不变的待诏制度的巨大变革。

1. 五代后蜀画院

北宋翰林图画院初建时，基本沿袭后蜀及南唐旧制，因此在人才的选拔培养及画院运营等方面都出现了诸多问题，单一标准的选择使黄筌父子备受皇室青睐。《益州名画录》载："居寀，字伯鸾，筌少子也。画艺敏赡，不让于父。"[4] 黄居寀子承父传，在西蜀以画扬名，获得了较高的社会地位。西蜀国破后，居寀不以伪职获罪，反被体现宽容大度的北宋帝王慕名招纳，官授朝请大夫从五品，赐紫金鱼袋，自此统领一代画院风格，几成图画院录用标准而影响近

[4] 引自《益州名画录》卷中，34~36 页，作者：（宋）黄休复，见《中国美术论著丛刊：寺塔记·益州名画录·元代画塑记》，点校者：秦岭云，人民美术出版社，1964 年 5 月第 1 版，2004 年 1 月第 2 次印刷。

百年，直至经历真宗、仁宗数代皇帝后才得以调整和完善。

2. 宋代画院制度

翰林图画院画家自八方招募，出身、经历、声名、成就天差地别，有惊人技艺但没有名望、经人荐入画院者如高益。据郭若虚《图画见闻志》记载："高益，涿郡人，工画佛道鬼神、蕃汉人马。"[5]《宋朝名画评》记载："王道真……善丹青。太宗朝待诏高文进甚有声望，一日上问民间谁如卿者。文进进曰：新繁人王道真者犹出臣上。遂召入图画院为祗候……迁待诏，及同文进计度玉清昭应宫壁，当时称之。"[6]与已享盛名被召入翰林图画院者相比，这些被举荐入院者以这种方式获得国家编制，大多感恩戴德努力进取，以报皇恩。但也有携技恃才傲视天下，因不愿失去个人自由而不肯服务于皇室者。《宋朝名画评》载："庞崇穆，字季和，右北平人……诏入图画院，崇穆不就而去。"[7]庞崇穆不肯被召入世人皆羡的皇家翰林图画院，竟"不就而去"，这一方面体现了真艺术家性情，个中原因恐怕与翰林图画院体制不完善，一旦受召对画家束缚过多，乃至失去创作自由，成皇权下的应声奴才不无关系。

当然也有特例。在没有社会关系、无贵人相识举荐的情况下，自恃才高毛遂自荐获入翰林图画院者，高文进即是。他的确实力不俗，入画院后画艺精进，声名日显，有感于自身经历，他奖掖后学，推荐新人，故能对太宗说："新繁人王道真者犹出臣上。"

以管理体制来论，自汉唐到西蜀、南唐各个朝代，未曾设置待诏管理层，宋代画院建始便设"勾当翰林图画院"，由两名编制的皇帝内侍担任勾当，主持日常事务及行政管理。各类规章制度条例渐次完备。

[5] 引自《图画见闻志·画继》，《图画见闻志》之卷三"纪艺中"，第115、116页。作者：（宋）郭若虚，潘运告主编，米田水译注，湖南美术出版社，2000年4月第1版，2010年10月第2版第4次印刷。

[6] 引自《宋朝名画评》，作者：（宋）刘道醇。见《画学集成》（六朝—元），第255页；王伯敏、任道斌主编，河北美术出版社，2002年6月第1版第1次印刷。

[7] 引自《宋朝名画评》，作者：（宋）刘道醇，见《画学集成》（六朝—元），第263页；王伯敏、任道斌主编，河北美术出版社，2002年6月第1版第1次印刷。

待诏的人才选拔，以往全由皇帝好恶随意录入及减增，到翰林图画院（998年）成立，便开始有了详尽章程及规定，从待诏、艺学、祗候、画学生到工人都有定额及编制，意味着专业画家的身份从“天子私人”晋升为国家在编公职人员。

翰林图画院待诏的职责也有了具体的规定。北宋太祖时期，在编画院画家有8人，创作作品452件，黄居寀作为首席画家，作品数量最多、内容最丰富。太宗时期，载于史料的作品有89件，在编画家23人，其中擅长佛道人物的画家有12人。由此可见北宋初期由皇室参与下的宗教绘画之兴盛，从业人员之众多。真宗时期，翰林图画院定额画家为“待诏三人，艺学六人，祗候四人，学生四十人，工匠六人”[8]。宋朝虽疆域不广，国力衰微，但却大兴土木举国营建，国家体制内的国家图画院专业画家除完成定额任务，常被各种机构抽调到各地从事国家、官府的官差，长期离岗严重影响了翰林图画院的正常运行。仁宗时期，画院画家李从正及其同僚提出应对方案：如因官方公务事由，需要抽调待诏、艺学、祗候、学生等画院画家，应按规定先与翰林图画院协商，画院视工作内容和工作量等情况统筹安排，限定指派一至两人参与，如果人手不足可酌情从民间画行临时招聘院外画家。当然，如果是国家重大工程又有“圣谕”，翰林图画院自会全力而为。由此，在北宋仁宗至和元年，翰林图画院不得随意抽调派工的制度已经形成。

宋神宗熙宁年间，画院祗候杜用德及众人上书，认为论资排辈的画院制度有碍画家的才能发挥，不能激励良性竞争，应当革除弊端，以个人画艺高低作为晋升依据。最终此建议被采纳，画院众多年轻后学可以通过努力进取获得重用，崔白、郭熙等名手即由此脱颖而出。

[8] 见《宋会要辑稿》职官36之106，（清）徐松辑，中华书局，1957年11月第1版第1次印刷，第3124页。原文为：“翰林图画院，雍熙元年（984）置在内中苑东门里，咸平元年（998）移在右掖门外，以内侍二人勾当。待诏等旧无定员，今待诏三人，艺学六人，祗候四人，学生四十人为额。旧工匠十四人，今六人。”

[9] 引自俞剑华注译《宣和画谱》卷第十七，第 359 页；江苏凤凰美术出版社，2007 年 6 月第 1 版第 1 次印刷。

北宋统一后蜀、南唐政权之后，召入部分技艺非凡又肯合作的皇家画院画家，又从民间挖掘高手，招募天下大家云集，促使宫廷绘画创作进入鼎盛时期。以绘画为职业的专业画家成为院体绘画的主流，代表了当时的审美风尚和最高水准。

宋徽宗时期，翰林图画院在画院画家的遴选上，采取了新的制度，考入和补入相结合，将专业画家的选拔录用列入了国家科举制度，建立画学，择历代名诗古语出题考试，以画取士为画院选拔人才，选优胜者进入图画院学习。在翰林图画院召入的画家中，补入画院者鲜见于记载，宋初赵长元为一例。徽宗时期补入画家渐多，究其原因是画学的兴办，后学递进，人才辈出，兴建画学者有感于天下招募画工竟多不称职，无以为继。兴办画学在学员选拔时采用“三舍试补升降”之法。所谓“三舍”则为上舍、内舍和外舍三等，根据《宋史》记载，元丰二年颁布的学令内容是：“外舍生二千人，内舍生三百人，上舍生百人。月一私试，岁一公试，补内舍生，间岁一舍试，补上舍生，弥封、誊录如贡举法；而上舍试则学官不预考校。公试，外舍生入第一、第二等，升内舍；内舍生试入优、平二等，升上舍。”[9] 从画学开始建立严格的“补”进制度，通过考试竞争升入上舍。“补”进制度的建立与画院画家的采录相关联，努力“补”上舍生的学员能够获得补入翰林图画院成为画院专业画家的机会。

翰林图画院对所召画家并非仅在技艺方面设立标准，对于画家的综合素养也有极高的要求。入院之后的学生除专业训练之外，儒家典籍的学习也是重要的组成部分，分别设立了科目和等级。据文献记载：“画学之业，曰佛道，曰人物，曰山水，曰鸟兽，曰花竹，曰屋木，以《说文》《尔雅》《方言》《释名》教授。《说文》则令书篆字，著音训，余书皆设问答，以所解义观其能通画意与否。仍分士流、杂流，别其斋以居之。士流兼习一大经或一小经，杂流则诵小经或读律”[10]；又有“书学生，习篆、隶、草三体，明《说文》《字说》《尔雅》《博雅》《方言》，兼通《论语》《孟子》义，愿占大经者听”。[11]

宋徽宗赵佶虽然在政治上迂腐不堪亡国被掳，但在书画上却有着天赋异禀，是旷世之才。他亲自设考把关，选拔画家，并亲自授课指导。王希孟作为翰林图画院的画学生，在赵佶的悉心指教下画出了《千里江山图》。翰林图画院画家正式作画前需将初稿交徽宗过目审阅，得到认可方可继续完成。对物象的观察入微又融于绘画实践，宋徽宗的审美取向影响着图画院画家的艺术追求，宣和院体画在此基础上得以形成。图画院使后续人才空前繁荣，为一个时代的文化繁荣做了充足的准备。

除上述途径获得进入宋代翰林图画院的资格外，凭借个人才能则是最常规和普遍的路径，皇家画院遴选的自是天下英才，有过人之奇技、异巧之才能者方可被召入。在《宋朝名画评》中，刘道醇记述京兆画家龙章，他应召参加了玉清昭应宫的壁画制作，不仅身负高超过人的画艺才学，还因解决了工程难题，被皇帝赏识，在获得机遇时凭实力受召进入皇家画院。

翰林图画院对人才甄别、选拔、培养、补进制度的完善，有别于北宋立国初始，为稳定天下招徕西蜀、五代名家的政治策略，画院体制的确立已经上升到极度规范的国家管理制度的层面。

宋代翰林图画院制度的建立、完善，对召入画家的遴选及在审美标准制订，院体画的形成及发展起到了重要作用。宋立国之初，

[10] 引自《宋史》卷一百五十七，志第一百一十，《选举三》之学校试·律学等试附；见《宋史》第 11 册，第 3660 页，（元）脱脱等撰，中华书局，1977 年 11 月第 1 版。

[11] 引自《宋史》卷一百五十七，志第一百一十，《选举三》之学校试·律学等试附；见《宋史》第 11 册，第 3688 页，（元）脱脱等撰，中华书局，1977 年 11 月第 1 版。

[12] 引自《宋史》卷一百五十七，志第一百一十，《选举三》之学校试·律学等试附；见《宋史》第 11 册，第 3688 页，（元）脱脱等撰，中华书局，1977 年 11 月第 1 版。

黄筌、黄居寀父子以富丽的设色、严谨的造型获皇家赏识，引领一代画风，据《宣和画谱》记载，黄氏体制一度成为评判优劣、择取画家的标准。同时代的徐熙画风高迈，时人常以徐黄作比，“议者或以谓黄筌、赵昌为熙之后先，殆未知熙者。盖筌之画则神而不妙，昌之画则妙而不神。兼二者一洗而空之其为熙欤！”[12] 由此评述可知，并非宋时人不识徐熙，但徐熙之体终未主导北宋画风（图 2–04、图 2–05）。

郭若虚在《论黄徐体异》中有“黄家富贵，徐熙野逸”的评议。黄筌与其子黄居寀，自西蜀服务宫廷，黄筌官至如京副使从六品，归宋后父去子承身份、职业不变，笔下所绘乃奇石异花、瑞兽珍禽；徐熙则写山野杂林、道旁刈草，与宫廷富丽排场相去甚远，能有人喝彩叫好写进《宣和画谱》已实属不易。后世为此不平，其实真正选择黄筌而非徐熙的是北宋皇权，是修订的制度规范下必然的结果。

文化坐标、时代风尚绝不会凭空建立，自由漫行。皇权威严，君君臣臣、父父子子，上溯前代、下追后世，纲常不乱，大到山河社稷，小到画院制度，佛道人物、花卉翎毛无不体现北宋皇家制度法则谨严、皇权在上不可撼动的威仪。

有宋一代在皇家的参与下，翰林图画院的建制迅速发展并得以完善。画院所设技术官职由低到高排列，有画学生、祗候、艺学、待诏，负责管理者由皇帝任命的太监任勾当，都纳入国家编制，食国家俸禄。翰林图画院画家有工作定额，除日常个人创作、临摹复制秘阁藏品、国家工程需动用院内画师参与外，画院的职责、运营模式和管理都已经井然有序，形成规范。金、元、明、清基本依据宋代规范系统操作，各代虽有部分调整，但整体框架、格局未曾大变。

第二节

专业画师系统

中国的殿堂壁画虽在史书画论里多有记载，但已鲜有遗存。道教虽与佛教争辉有数番起落，但作为本土文化占据主场优势的地位一直未被撼动，所以历朝历代无论疆域大小、国力强弱，各地无不道观林立。佛教进入中国后便受到皇家的推崇与支持，据《高僧传》记载，康僧会起法招舍利入盘，获孙权赏识建塔修殿，中国始有佛寺曰“初建寺”，佐证佛教与皇权结合。之后更有士族权贵信奉佛教，或舍家为寺。寺院初始便是高台深院，佛教与中国特有的土木建筑从精神到形制有了最为彻底的结合。

中国建筑自成体系，从建筑样式、材料、制作工艺、施工流程均有别于西方和其他地区建筑。自远古穴居时代始，以自然的土木材料为主的建筑样式在中国渐次成熟、完善。佛教东渐传入中国后，寺庙内沿袭旧制画本生、本行故事弘扬教义，让佛法、佛理更直观易解。道教占据本土文化优势，虽历经盛衰有高峰低谷，但佛道竞相争辉，可以说无观不彩装、寺寺有壁画。

由于皇家鼎力支持，宋代佛道并兴，壁画绘制行业在国家体制支撑的主线上人才辈出。郭若虚在他著述的《图画见闻志》中记载了大量活跃在北宋前后，并在京城汴梁大相国寺、玉清昭应宫等处应召参与国家工程的画师及其事迹不计其数，仅从中列举几人为例：

“杜齯龟，‘画佛相人物尤工’，于‘成都僧舍所壁画，名盖一时’。”[13]

曹仲元，南唐李后主时期的翰林待诏，“尝于建业佛寺画上下座壁，凡八年不就。李氏责其缓，命周文矩较之。文矩曰：‘仲元绘上天本样，非凡工所及，故迟迟如此。’越明年乃成。李氏特加

[13] 引自俞剑华注译《宣和画谱》卷第三，第 95 页。

恩抚焉”。[14]

孙梦卿，工画道释，其后传移吴本，很能得到妙处。几丈大的人物篇幅，他却能缩成很小，虽然不过数寸，但形似毫无所失，好像用镜子照东西，大小远近都不失比例，观者“神之，号称孙脱壁”[15]。

孙知微，“喜画道释，用笔放逸，不蹈袭前人笔墨畦畛。尝于成都寿宁院壁图《九曜》……知微多客寓寺观，精黄、老、瞿昙之学，故画道释益工，而蜀中寺观尤多笔迹焉”。[16]

“句龙爽，蜀人，敦厚慎重，不妄语言，好丹青。喜为古衣冠，多作质野不媚之状。观之如鼎彝间见三代以前篆画也，便觉近习为凡陋，而使人有还淳返朴之意。好画故事人物，世多传其本。”[17]

陆文通，工画道释，“作《会仙图》皆出乎风尘物表，飘飘然有凌云之意”[18]。

“王齐翰，金陵人。事江南伪主李煜为翰林待诏。画道释人物多思致，好作山林、丘壑、隐岩、幽卜，无一点朝市风埃气。开宝末，煜衔璧请命，步卒李贵者，入佛寺中得齐翰画罗汉十六轴，为商贾刘元嗣高价售之，载入京师，质于僧寺。后元嗣偿其所贷，愿赎以归，而僧以过期拒之，元嗣讼于官府。时太宗尹京，督索其画，一见大加赏叹，遂留画厚赐而释之。”[19]

“顾德谦，建康人也。善画人物，多喜写道像，此外杂工动植。论者谓王维不能过，虽疑其与之太甚，然在江南时伪唐李氏亦云：‘前有恺之，后有德谦。’虽不及王、顾，亦居常品之上矣。其最著者有《萧翼取兰亭》横轴，风格特异，可证前说，但流落未见。”[20]

侯翌善画，在端拱、雍熙时期名声很大，“往往秦川僧舍壁画尚有存者”[21]。

[14] 引自俞剑华注译《宣和画谱》卷第三，第 96 页。

[15] 引自俞剑华注译《宣和画谱》卷第四，第 103 页。

[16] 引自俞剑华注译《宣和画谱》卷第四，第 104 页。

[17] 引自俞剑华注译《宣和画谱》卷第四，第 106 页。

[18] 引自俞剑华注译《宣和画谱》卷第四，第 107 页。

[19] 引自俞剑华注译《宣和画谱》卷第四，第 108 页。

[20] 引自俞剑华注译《宣和画谱》卷第四，第 111 页。

[21] 引自俞剑华注译《宣和画谱》卷第四，第 113 页。

“武洞清，长沙人也。工画人物，最长于天神、道释等像。布置落墨，广狭大小，横斜曲直，莫不合度。而坐作进退，向背俯仰，皆有思致。尤得人物名分尊严之体，获誉于一时，至有市鄽人以刊石著洞清姓名而求售者。然其他画则未闻，传于世者亦少，独十一曜具在。”[22]

韩虬，“长于道释，尝在陕郊龙兴寺作壁画”[23]，人物骨相不俗，是因为学吴道子很有心得。

杨棐，善画佛教经典，“学吴生，能作大像。尝于泗滨普照佛刹为《二神》，率逾三丈……凛凛可畏”[24]。

道士徐知常，“能诗善属文，凡道儒典教与夫制作，无不该晓……方阐道教，首预选抡，校雠琅函玉笈之书，无不精确。居闲则鼓琴瀹茗以自娱，真方外之士。画神仙事迹明其本末，位置有序，仙风道骨，飘飘凌云，盖善命意者也”[25]。

“高益，涿郡人，工画佛道鬼神、蕃汉人马……授翰林待诏。后被旨画大相国寺行廊《阿育王》等变相暨《炽盛光》《九曜》等，有位置小本，藏于内府。……又画崇夏寺大殿善神，笔力绝人。”[26]

“石恪，蜀人，性滑稽，有口辩。工画佛道人物。始师张南本，后笔墨纵逸，不专规矩。蜀平，至阙下，尝被旨画相国寺壁。授以画院之职，不就。”[27]

“高文进，从遇之子。工画佛道，曹吴兼备。乾德乙丑岁，蜀平，至阙下。时太宗在潜邸，多访求名艺，文进遂往依焉。后以攀附授翰林待诏。……画院学者咸宗之，然曾未得其仿佛耳。”

“王道真，蜀郡新繁人，工画佛道人物，兼长屋木。太宗朝因高文进荐引，授图画院祗候。”[28]

[22]引自俞剑华注译《宣和画谱》卷第四，第114页。

[23]引自俞剑华注译《宣和画谱》卷第四，第116页。

[24]引自俞剑华注译《宣和画谱》卷第四，第116页。

[25]引自俞剑华注译《宣和画谱》卷第四，第120页。

[26]引自《图画见闻志》之卷三“纪艺中”，作者：（宋）郭若虚，见《图画见闻志·画继》，第115、116页；潘运告主编，米田水译注；湖南美术出版社，2000年4月第1版，2010年10月第2版第4次印刷。

[27]引自《图画见闻志》之卷三“纪艺中”，作者：（宋）郭若虚，见《图画见闻志·画继》，第121页；潘运告主编，米田水译注；湖南美术出版社，2000年4月第1版，2010年10月第2版第4次印刷。

[28]引自《图画见闻志》之卷三“纪艺中”，作者：（宋）郭若虚，见《图画见闻志·画继》，第126页；潘运告主编，米田水译注；湖南美术出版社，2000年4月第1版，2010年10月第2版第4次印刷。

[29] 引自《图画见闻志》之卷三"纪艺中"，作者：（宋）郭若虚，见《图画见闻志·画继》，第128页；潘运告主编，米田水译注；湖南美术出版社，2000年4月第1版，2010年10月第2版第4次印刷。

[30] 引自《图画见闻志》之卷三"纪艺中"，作者：（宋）郭若虚，见《图画见闻志·画继》，第105页；潘运告主编，米田水译注；湖南美术出版社，2000年4月第1版，2010年10月第2版第4次印刷。

"张昉，临汝人，工画佛道人物，笔专吴体。尝画玉清昭应宫《奏乐天女》，高丈余，掇笔而成。"[29]

"武宗元字总之，河南白波人，官至虞曹外郎。善画佛道人物，笔术精高，曹吴具备。尝于雒都上清宫画三十六天帝，其间赤明阳和天帝潜写太宗御容，以赵氏火德王天下故也。真宗祀汾阴还经雒都，幸上清历览绘壁，忽睹圣容，惊曰：'此真先帝也。'遽命设几案焚香再拜，且叹其画笔之神，伫立久之。……初名宗道，后改名宗元。以寿终于皇祐二年。有《佛像》《天王》《九子母》等图传于世。"[30]

上述画家的壁画作品随历史变迁、兵火战乱，大多不存，但在画论文献中留下了大量与壁画相关的记载（图2-06~图2-09）。

第三节

非专业画师系统

宋仁宗、神宗时期，宋代文化进入盛期，以苏、黄、米、蔡为代表的“宋四家”与文同、李公麟等文人画家，以书写性绘画引导文人画潮流，经常与翰林图画院画家相互交流，至徽宗时期风气日盛。以诗书入画，唐代自王维首开先河，以个人之举天下为先；但宋代是将诗书画结合并使之获得了前所未有的发展的时代。苏东坡是这场文化运动的主将，“味摩诘之诗，诗中有画；观摩诘之画，画中有诗”，这是苏东坡在《书摩诘蓝田烟雨图》中对王维作品的评价。苏轼与米芾身体力行，米南宫的烟雨江南“米家山水”，苏轼的“见与儿童邻”画论影响深远，形成了与院体画并行的文人画系统（图 2-10、图 2-11）。

以诗入画并使之在绘画中充分得到传达，在翰林图画院选择画家，不仅要求技艺超群，强调人文素养并在画学考试中已充分体现。画学考试出题《野水无人渡》《乱山藏古寺》，以诗命题测试的是考生的基本文化修养及对物象的观察能力和理解能力，是否能有机地巧妙转化融入个人创作。因入画学所设门槛升高，应试考生无不诗画兼顾，亟意求新地追求诗画相融的表达。

北宋中期已有“院体”之称谓。《图画见闻志》记载：“尝为图画院艺学。工画花竹翎毛，学黄氏为有功，后来院体未有继者。”[31]“体”字标准也，说明翰林图画院的绘画是有固定标准和样式的，在规定的标准内展示个性是合“体”自由，否则不合“体”则被淘汰。翰林图画院有自己的标准和范式，所以称“院体”。“院体”深层的原因不是个人风格和样式，也非世风和潮流的自然呈现，而是皇家标准、君王意志的具体体现。翰林图画院召入画家虽然解决了基本温饱和表面风光，但个人意志、创作自主均受到限制，题材、

[31] 引自《图画见闻志》之卷四“纪艺中”，作者：（宋）郭若虚，见《图画见闻志·画继》，第 135 页；潘运告主编，米田水译注；湖南美术出版社，2000 年 4 月第 1 版，2010 年 10 月第 2 版第 4 次印刷。

风格常因皇帝好恶而改变。入院画家深受画院制度的制约，艺术创作不仅受到当时画院制度的干预，同时还受制于政治制度的束缚，随时代格局的变化而变化。北宋早期的富丽堂皇、中期的人文气象、晚期的山高水长，南宋的半壁江山、残山剩水，都是一个时代的真实写照，反映出两宋王朝国家体制的变革和世间百态。但宋代是一个注重内修自省的时代，对前代的百行、百工、百业都进行了规范和梳理，寺观壁画从墙体到地仗制作、粉本应用、色彩归置……都有了统一规范。

北宋初始道教盛行，有别于汉唐以来佛教的一统天下。历经五代十国之战乱，国家不兴，民众困苦，佛教能在精神上、心理上、生活上解决大宋子民面临的具体问题。宋代开国皇帝赵匡胤攫取皇位后，为巩固初建的北宋政权，大力倡导黄老学说，兴建道观殿宇，绘制大量壁画弘扬道教。北宋翰林图画院应皇室、官衙征召参与殿宇、道观、寺庙壁画的绘制，大量的社会需求和实践造就了大批的专业画家。北宋画家擅长佛道人物者居首，这与皇家倡导和佛道壁画大兴有着直接的关系。

宋徽宗赵佶信奉道教，大肆扩建道观，并招募天下绘画高手对道观障壁进行彩装绘制。承担绘制任务的多是翰林图画院画家，在画行所招画家择优录入画院，既发现培养了新人，又让图画院画家有机会实践。宋代是画家前所未有地获得了个人待遇和社会地位的时代。徽宗时期，一改旧制，允许画家可以服绯紫、佩鱼；待诏听命时，画院待诏居前排上首，书院、琴院、棋院依次列站，正式食国家俸禄。宝箓宫建毕启用，图画院画家常被召进宫，皇帝时有指导交流作画，宫廷秘府所藏历代精品画作会定期分批开放，每十天展示观摩，并编辑刊印成册。这在交通不便、流通困难的中古时期，无疑为图画院画家提供了更多的机会和便利，以提高眼界向前人问道。

宋徽宗对御府收藏也极为重视，存有大量碑帖，仅颜真卿墨迹八百有余，三国两晋书画无数，《宣和画谱》也有详尽著录。

在这部宋人撰写的美术文献中，对考察考证北宋以前所存名迹名画有着重要价值，在历代的书画著录中，也是最早、最全、最为完备的一部大书。书中画家的分类及个人传记，北宋以前见诸文字的著作，如《寺塔记》《唐朝名画录》《历代名画记》《益州名画录》《图画见闻志》《圣朝名画评》等，鲜有作者个人角度的评述并传抄有误，但《宣和画谱》辑入众多的宦官画家，民国书画鉴赏家余绍宋疑为内臣执笔所撰，但书中核心内容的价值不容置疑。

“总十门分为二十卷　共二百三十一人　计六千三百九十六轴

道释门四十九人一千一百七十九轴

人物门二十三人五百五十轴

……

叙论

晋　顾恺之

宋　陆探微

梁　张僧繇

隋　展子虔　董伯仁

唐　阎立本 …… 尉迟乙僧

卷第二

道释二

[32] 引自俞剑华注译《宣和画谱》之《宣和画谱叙目》，第13~15页；江苏美术出版社，2007年6月第1版第1次印刷。

唐 吴道元 翟 琰 杨庭光 卢楞伽 赵德齐 常 粲

孙 位 张南本 辛 澄 张素卿 陈若愚 姚思元

卷第三

道释三

五代 王 商 燕 筠 支仲元 左 礼 朱 繇 李 昇

杜子瓌 杜鲵儿 张 元 曹仲元 陆 晃 贯 休

卷第四

道释四

宋 孙梦卿 孙知微 句龙爽 陆文通 王齐翰 颜德谦

侯 翌 武洞清 韩 虬 杨 棐 武宗元 徐知常”[32]

以抄书般地摘录《宣和画谱》十门所录画家及作品数据，是想求证：由于道释画多画于殿堂、庙宇、道观，承载着重要的宣教功能，是国家文化的重要组成部分，从业者众，遗存甚丰。道释题材自唐代便存有粉本，据此推断，上溯至唐代以前的绢本及道释题材绘画，则多为殿宇、寺庙、道观壁画的派生作品。

小结

北宋画院建制及管理的成熟完善并非一蹴而就，在原有的旧制基础上，经历了漫长的历史沿革、变迁后逐步完善。由于皇室的参与并渐次成为国家行为，画院在人才选拔、培养方面系统而规范，甚至纳入科举考试，使画家获得以画取士的机遇。画家社会地位得到了提高，但同时从精神到人身也受到了体制的束缚。自先秦而至唐宋的宫廷风格绘画，延续至北宋翰林图画院，在黄筌父子的主导下又持续了百年。黄筌父子从西蜀带来的体现富贵的“宫廷”风格，一度成为翰林图画院选拔画家的标准，最终为后起的赵昌、崔白、吴元瑜所创造的院体画风冲击并取代。黄筌父子是宫廷绘画风格的终结和最后的绝响。画学的兴办为这一体制培养了大批后续人才，画家的整体文化素养全面提升，院体的确立、审美标准的制定，使得宋代对前代文化进行了梳理和规范，金、元、明、清均在这一规范下有序地发展变革。渐次作为绘画十门之首的道释画，也即传统的壁画，在绘制、用工、用料、人员配置以及制作程序、时间安排上有了具体而翔实并行之有效的规范。

叁　元代壁画绘制机制

图 3-01
元　山西稷山青龙寺大雄宝殿东山墙
释迦牟尼说法图

冥府六曹衆

图 3-02
元　山西稷山青龙寺腰殿南壁
礼佛图（局部）

日直使者
時直使者
往古帝子王孫衆
往古后妃宮女衆

图 3-03

元　山西稷山青龙寺腰殿南壁

礼佛图（局部）　使者、往古后妃、帝子王孙像

图 3-04
山西芮城永乐宫三清殿南壁西侧
朝元图（局部） 白虎君及使者

图 3-05

元　山西芮城永乐宫三清殿西壁

朝元图（局部）

图 3-06
元　山西芮城永乐宫三清殿壁画
朝元图（局部）

图 3-07
元　山西芮城永乐宫三清殿壁画
朝元图（局部）

图 3-08
唐　吴道子（传）　八十七神仙卷
绢本水墨　纵 30 厘米、横 292 厘米
北京徐悲鸿纪念馆藏

图 3-09

北宋　武宗元　朝元仙仗图卷

绢本水墨　纵 44.3 厘米、横 580 厘米

美国王季迁怀云楼藏

图 3-10
元　山西芮城永乐宫三清殿东壁
朝元图

图 3-11
元　山西芮城永乐宫三清殿西壁
朝元图

常奉敕祭祀岳渎，四驻永乐。李志常受宠于蒙古皇帝蒙哥，主持国家“祭岳”庆典，掌握充裕资金，故能“倾帑以助其经费”，永乐宫的修建在资金得到保障的情况下建筑标准得以提升。永乐宫建筑面积达 86880 余平方米，三清殿屋脊琉璃鸱兽高近 3 米，辅助配套设施“徒众之所居，宾旅之所寓”及“斋厨库厩、园圃井湢”完善齐备。永乐宫于元至元三十一年（1294 年）将无极门建造完毕，至泰定年间三清殿开始绘制壁画并进行彩绘。三清殿壁画的作者考证工作困难，现有依据仅见三清殿原三清像背后的扇面墙内侧云气壁画上书有“河南府洛京勾山马君祥、长男马七待诏把作正殿前面七间，东山四间、殿内斗心东面一半、正尊云气五间。泰定二年六月工笔（毕）”、“河南府勾山马七待诏正尊五间，六月日工毕云气”的题记。题记清楚地标明云气为马家班绘制，但对壁画及其他工序内容都不曾涉及，据遗留字迹考证应为彩画者所题。因分工明确，各司其职，彩画工匠未涉壁画内容说明只是部分参与绘制，壁画、雕塑或另有其人。但自北宋壁画绘制系统完善后，组建绘制队伍应为全面多能，工程所涉壁画、建筑彩绘、雕塑根据队伍工匠各自专长独当一面。三清殿壁画在入口青龙君上部，与纯阳殿题名相仿部位理应有作者题记，但在后补绘青龙君时被遮，无法进一步考证。从题记推断，三清殿的壁画和所有的建筑彩绘，都于元泰定二年（1325 年）前后竣工。

据题记时间，元至正十八年（1358 年），平阳府绘画名画手朱好古门人张遵礼率众绘制完成了纯阳宫壁画。朱好古于此壁画绘制前后参与绘制了稷山兴化寺《弥勒变》。从作品风格比较，三清殿壁画与兴化寺虽然在造型上比较相似，但这类造型均源自吴道子，粉本画在坊间流传，不足为凭。设色方面，三清殿多勾填重彩，相比兴化寺设色浓淡相宜，单从艺术感觉上更成熟老到。用线方面，三清殿用捻子，属硬笔勾勒；而兴化寺还是毛笔常规勾勒，技法韵味反在其上。兴化寺因格局尺寸所限，在整体气势上不及三清殿场面宏大，但细微之处自有难言之精妙。另外按常规单画祥云应是较简单劳动，榜题留名应为越制之举，所以三清殿还应是马君祥所率画班绘制，在晋东南演绎了“双绝”对话（图 3-04~ 图 3-07）。

三清殿或无极殿为永乐宫主殿，之所以称为“三清”，因其正中三间供奉着元始天尊、太上老君、灵宝天尊三位道教最高神祇。殿中原有三清彩塑现已无存，壁画绘制完成于 1325 年，其中三清殿壁画是永乐宫壁画中的极品，所绘人物近 300 身，展现了三清“譬如北辰，居其所而群神拱之”的神仙聚会宏大场面，尤若道子神笔。

三清殿壁画绘制的《朝元图》是凝聚了道教壁画精粹的传统题材。（图 3-10，图 3-11）回顾唐、宋道观壁画的发展演变，可以更清楚地了解壁画艺术的系统规范和传承关系。唐代《五圣朝元图》派生了宋代的《朝元图》。吴道子一生作品无数但传世无几，《五圣朝元图》应是他可信度最高的经后人临摹传世的粉本，是研究解读吴道子的重要范本和参照。

诗圣杜甫曾观吴道子绘制在洛阳北邙山老君庙的道教题材壁画《五圣朝元图》，赋诗以颂赞道子神笔，诗为《冬日洛城北谒玄元皇帝庙》："……画手看前辈，吴生远擅场。森罗移地轴，妙绝动宫墙。五圣联龙衮，千官列雁行。冕旒俱秀发，旌旆尽飞扬……"自此，该壁画成为后世之范本，被仰慕问道的画手追摹传颂千古。惜宋代重修彩装，官府竟筹资拆卖壁画，自此不存。吴道子享有"画圣"之誉，"吴家样"被画行奉为经典，千世传承。武宗元奉诏重绘此《朝元图》，壁画的部分粉本即为流传至今的《朝元图》。而被徐悲鸿先生如生命般珍视的《八十七神仙卷》应为更接近道子精神的粉本（图 3-08）。

宋代徽宗好黄老之术，政和六年（1116年）十月，驾临太乙东宫，诏令编排三界圣位，校正丹经子书，并对道教系统进行梳理，渐成制作道教壁画或水陆画的标准和依据，制《九星二十八宿朝元官服图》。

三清殿所绘壁画内容依据的是朝元的宏大场面，几近囊括道教的各路神祇，290 余身群像老少青壮、男女有别、胖瘦不一、顾盼有序、疏密相宜、神采各异，变化与统一、整体与局部堪称完美，重墨填色，沉稳古艳。执捻子勾勒，线条遒劲，力能扛鼎。天上星宿、地下神仙皆从世俗中来。帝王之威仪、道仙之飘逸、圣贤之高迈、文士之儒雅、武将之刚烈、玉女之端庄、鬼魅之狰狞尽现笔端。马君祥父子及画班工匠借道家神祇把个人的人生体验，生活中所见身份不同、出身不同、性格不同、形状不同的世间人物百态聚绘一墙。其中东山墙右下有宋太祖赵匡胤的形象，也隐藏于群仙之中。

永乐宫纯阳殿又称吕祖殿，面宽五间、深三间，大殿正中有四柱神坛，神坛曾塑吕洞宾像，现已不存，背屏墙后绘有面积为16平方米的钟离权度吕洞宾的故事。东西两壁及北壁壁画共52幅组画，绘制了吕洞宾显化神通的故事，与三清殿大相径庭地以连续构图形式展现了吕洞宾的生平传奇。壁画面积203平方米，构图分上下两层，每幅之间有树石云雾相隔或连接，故事单独成章又相互衔接，背景为通景山水。壁画绘制有宫廷、殿堂、官衙、酒肆、茶楼、村舍、舟楫、车马、山川、旷野及世俗各色人等，是当世真实生活的再现，是继两宋之后宗教佛道壁画世俗化，借古喻今反映现实生活的真实写照。纯阳殿壁画已有较多破损和后世补画，东壁和北壁的右半部尚为完整，大致可见原壁的精神；但北壁下半部有大面积剥落，多幅画面残破或余局部，水浸起瞰返碱，漫漶不清，后人补画之处与原作差别较大。绘在东壁的《瑞应永乐》《度何仙姑》《武昌货墨》及北壁右半部《遇仙之桥》《度马庭鸾》等都是壁画中精彩之作。壁画有题记在南壁东侧西上角："禽昌朱好古门人古新远斋男寓居绛阳待诏张遵礼、门人古新田德新、洞县曹德敏，至于十八年（1358年）戊戌季秋重阳日工毕谨志。"后壁中部与左侧对称的位置也有题记："禽昌朱好古门人古芮待诏李弘宜、门人龙门王士彦，孤峰待诏王椿、门人张秀实、卫德，至正十八年戊戌季秋上旬一日工毕谨志。"这些题记弥足珍贵，为后世研究纯阳殿壁画留下了重要的凭证，可以清楚地知道壁画的出处、作者、师承及完成日期。

永乐宫重阳殿壁画与纯阳殿壁画在构图与表现上有诸多相似之

处，重阳殿也以 49 幅连环画面的叙述方式表现王重阳的传说和个人经历，由朱好古门人再传弟子绘制。但较之纯阳殿，朱好古门人水准渐失，49 幅作品乏善可陈，大抵因为王重阳是现实中的真实人物，与年代久远、有更多神奇传说的吕祖不同，需要根据真实的王重阳个人经历进行创作，关键又没有经典粉本可供参照，所以整铺壁画精彩之处不多，远不及纯阳殿，更难望三清殿项背。由于重阳殿作品取材于现实，每幅都是单独构思构图，使绘制的难度增加，但是所绘形象及生活环境都是元代的真实写照，为当下研究元代建筑、生活、习俗、服饰等提供了图像依据。

元代社会等级森严，三六九等的人种划分，社会结构的调整、社会分工的细化，使专事佛道壁画的专业画师从国家体制内的画院分流进入民间，成为下九流中的匠人，社会地位急转直下，也失去了话语权，这些变化在画史画论中罕有论述。文人士大夫画家因顾及身份地位，绝少染指壁画创作，壁画绘制者群体的文化素养与宋代有了巨大差异，但宋代对文化的梳理和行业系统化，为后世打下了坚实的文化基础和准备。而民间画工中也有禀性超人者，由历代经典粉本中获益良多，终成巨匠。朱好古的成就应能位列大匠之门，据《山西通志》卷三十记载：“朱好古，元时襄陵人，善画山水，于人物尤工，宛然有生态。”据记载，朱好古于大德九年（1305 年）在稷山县兴化寺画《药师变》及《弥勒变》，此作比永乐宫三清殿早 20 年。朱好古的画艺已炉火纯青，而三清殿在庄严的建筑感用线及宏大的场面里约略透出的生涩，显然不应该是距兴化寺壁画完成20年后本应“人画俱老”的朱好古的手笔。

永乐宫壁画之精彩世人皆识，但作为载体的地仗制作之精良反被忽略。地仗乃画之所依，地仗不存，画将焉附？中国历史千古传诵的名壁巨制多已墙塌壁毁，留下千年空叹。三清殿的制作历程横跨700年，早于欧洲文艺复兴，但其墙体制作工艺之精良、平整，堪称举世无双，至今除人为破坏、建筑墙体沉降及整体搬迁出现的裂缝外，几乎完好无损。比较于欧洲文艺复兴的名作墙体无不龟裂破损、不复当年，而永乐宫壁画墙画一体，除历史所赋的沉稳古香，不见收缩膨胀留下的痕迹。

肆　明代壁画绘制机制

图 4-01
明　北京法海寺大雄宝殿北壁东侧
帝释梵天图（局部）

图 4-02
明　北京法海寺大雄宝殿东壁
赴会图

图 4-03
明　北京法海寺大雄宝殿西壁
赴会图

图 4-04
明　北京法海寺大雄宝殿北壁西侧
帝释梵天图（局部）

图 4-05

明　北京法海寺大雄宝殿北壁西侧

帝释梵天图（局部）　帝释天和天女

图 4-06
明　北京法海寺大雄宝殿北壁东侧
帝释梵天图（局部）　大梵天和天女

图 4-07
明　北京法海寺大雄宝殿西壁壁画
赴会图（局部）　山泉花卉

图 4-08
明　北京法海寺大雄宝殿北壁东侧
帝释梵天图（局部）　南方增长天王

图 4-09

明　北京法海寺大雄宝殿北壁西侧帝释梵天图（局部）　辩才天

图 4-10
明　北京法海寺大雄宝殿北壁东侧
帝释梵天图（局部）　韦驮天

图 4-11
明　北京法海寺大雄宝殿北壁西侧
帝释梵天图（局部）　天女

图 4-12
明　北京法海寺大雄宝殿北壁东侧
帝释梵天图（局部）　侍女

图 4-13
明　北京法海寺大雄宝殿佛龛背屏中部
水月观音图

图 4-14
明　北京法海寺大雄宝殿佛龛背屏中部
水月观音图（局部）　善财童子

图 4-15
明　山西寿阳普光寺壁画

图 4-16
明　山西寿阳普光寺壁画

图 4-17
明　山西寿阳普光寺壁画

图 4-18

明　山西临汾洪洞县广胜寺韦驮殿东壁

诸仙赴会图

引言

明代是汉族政权重整河山，建立极端的中央集权体制的时代。开国伊始，因元代高压统治所致，故国凋零，百废待兴。国家急需人才，然而元代的不良政治生态造成文人隐逸不肯出仕，让朝廷采取了暴力征官的手段。经历了元代桎梏个体生命的磨难，及明代酷政对士人的高压统治，文人士大夫在漫长的忍耐与自修中，为冲破个体生命的桎梏蓄积了强大的力量和深层的动机。他们心系家国，但不简单盲从、顺应，而是在明确自身的责任和意义时，对自我价值的认同变得神圣而不可忽略。前朝历代文人依附封建官僚体制的价值体系溃崩，明代士人辞官之风盛行，艰难的科举入仕，更加艰辛的为官之道，让他们身心疲惫。辞官是精神的松绑、身体的解放，一旦解脱，修养人生、凝练思想，士人阶层的创造力得以尽情绽放。晚明王阳明的心学，强调“自我”的价值，颠覆了传统儒家伦理，开启了社会个体自我意识和内心自觉的时代。

明代的绘画是对前世唐宋文化的追忆，是中国本土的文艺复兴。经历了从元代的重神轻形、重意轻质的逐渐转向，自明初王履始，沈周、文徵明、唐寅、仇英“明四家”则以自己的绘画实践参与支持了转换并使之变成了一场文化运动。明代绘画不再单纯追求意趣，而开始强化形质。

第一节

法海寺壁画

明代之初，太祖好绘事，远追宋制，重设画院。宣宗、宪宗、孝宗雅好亦甚，广征画士，授待诏、副使等职，归属东厂。画院规制、结构与两宋稍异，然皇家尊崇倡导，作家名手辈出，堪比两宋画院。皇室雅好，引领世风，皇家及私人鉴藏兴盛。宣宗最爱，内府所藏之富，可追两宋宣和、绍兴。

明代佛道尚盛，推测与太祖朱元璋曾入寺为僧，得天下后选高僧使侍诸王有关。武宗尤好佛事，为明代佛教鼎盛时期。代宗崇道，道教遂盛。但从绘画史看道释题材，至明已现衰微之势。从《宣和画谱》记载可以看出，两宋以上人物画，多以道释为主，南宋佛道不兴，文人画渐盛，画风巨变。元代佛道中衰，道释绘画日下，虽有永乐宫、青龙寺，仍难挽颓势。至明代，人物画主流转为世俗风情史实，写真次之，道释画手已遁民间，与贩夫走卒无异。遍寻明朝 276 年，道释能手无多，蒋子成、倪端、张仙童、顾应文、沈明远、张继、吴彬、上官伯达、丁云鹏可入史记载。在明代佛道绘画相继乏人的历史进程中，北京近郊的法海寺是一特殊案例。

法海寺距离北京西郊 40 余里，位于翠微山南麓，始建于明正统四年（1439 年），由大太监李童上奏明英宗并集资，责成宫廷工部营缮修建，历时四年（1443 年）完工，英宗敕封“法海禅寺”。法海寺现有壁画 10 铺，风格高迈，绘制严谨细密，造型写实中夸张，纹饰精致繁缛，线条勾勒绵延劲畅，设色富丽典雅，人物、山水、花卉无一不精（图 4–07）。由宫廷画士顾行、张平、李原、潘福及宫廷画士官宛福清、王恕等共 15 人绘制完成，历经 570 余年，依然金碧辉煌，满墙流彩。整体气势虽不及永乐宫宏大，但在绘制刻画、工艺繁杂、图案精致、沥粉贴金及多种工艺的运用上独具特色，尽显皇家气魄。壁画面积有236.7平方米，分布在大殿东西山墙和背屏后面，内容为“赴会”“祥云”“三大士”“礼佛护法”及“帝释梵天”。在人物造型、构图布局、色彩设置、线条勾勒及沥粉贴金、拔金工艺上承传了宋元传统，又极具明代特点。

法海寺壁画绘制有77位人物，与人等高，形象各异，仪态万方，精神气度超迈，刻画极尽精微而格局宏大。壁画按规制沿顺时针设计，大殿正中背屏为《祥云图》三幅，绘五彩祥云，云卷云舒，引人遐想。东西两铺为《赴会图》（图4–02、图4–03），表现佛与众菩萨讲经说法、赴会参禅的内容。佛与菩萨端坐云中，神态安详，两壁飞天锦衣飘带裸足游弋，凌空而舞，与常见的敦煌壁画飞天趣味迥异。背屏后面所绘“三大士”，精工绘制，细微缜密（图4–13、图4–14）。《水月观音》是三身像中最为精致的一幅，造像端庄、神态悲悯、体态优雅、盘腿屈膝、细纱遮体、玉臂圆润、纤手轻抚，超然出世、风仪卓绝。水月观音脸如盈月、晕染有度，凸显了中国传统重彩的表现力。“帝释梵天”是佛教壁画中的经典题材，自唐代起就有不少名家高手涉猎，吴道子、杨庭光、杨仙乔等画家均有作品存世并有记载。宋元之后，三教合一，佛寺壁画中“帝释梵天”更为流行，佛教绘画形象里渐次糅入道教诸神，河北毗卢寺及山西繁峙公主寺就是很好的例证。“帝释梵天”的母题随着历史的发展不断有形象的演变，晚期与早期的图像已有较大差异。法海寺大雄宝殿主墙绘制的阵列式壁画是佛教护法神像，作为护法神二十天像多见于明清佛寺壁画或者彩塑中，但由于所持粉本的差异，形象有较大出入。大雄宝殿正殿北壁东堵共有天神和属众19身（图4–01）。画面由西而东，首位是梵天及三位天女。梵天为佛教八大天之一。

梵天手持红莲花，左右有天女三身，按画家心目中的“帝王”设计为右手执花、左手放置于天女托盘上，三身天女持不同器物而立（图4–06）。大梵天后方为天王等神众。“东方持国天王”手执琵琶，肤色着青绿，其左为“南方增长天王”，右手执剑面呈青色（图4–08）。身后则为三眼八臂的“大自在天”，“大自在天”则为“镇东北方神”。“自在天”左前是“功德天”，为“司福德”之神。《陀罗尼集经》载：“天神背后画百宝华林，头上画作千叶宝盖，盖上作诸天伎乐散华供养。其像底下右边复画作咒师形，著鲜白衣，手把香炉，胡跪供养，于白素绸上坐。”[1]壁画中“功德天”被画家变体为立像，左手仍执“如意珠”放五色祥云，云中白象亦如上述模样。右侧被改为立像的咒师仍着白衣执香炉。而文中“梵摩天”形则改画为持宝镜天女变为部属。“大功德天”后为俗称“日宫天子”的“日天”，“日宫天子”被绘制成双手执笏、肃然站立的王者像，所配顶冠有红色日轮。在“日天”前左为“摩利支天”，“摩利支”梵语为阳光之意，“摩利支天”后为“地天”亦即大地之神，壁画绘“地天”为持“稻谷华”之女天，有祈“得五谷丰登成就”意愿。而后是镇西北方神“水天”，通常为白色善相，两手各持蛇索，此图中绘制为双手执笏的王者形象。二龙妖左右持珊瑚等海珍，其形与“龙王”相像。“密迹金刚”置于“水天”之前，此身为善相，遥对西侧壁的怒相“密迹金刚”，形成呼应，使两幅壁画在气势、动作上相互关联、气韵衔接。

大殿北墙西侧壁壁画（图4–04），按顺时针观看方式，首位为帝释天及三身天女，亦称“天帝释”，亦是“镇东方神”为十五镇方神祇。画面的帝释天作二臂合掌恭敬相，身后及左右有三天女执山石、盘花等，恰与东侧壁人物对应（图4–05）。帝释天后方

[1] 引自（唐）阿地瞿多（梵文Adikuta）译《陀罗尼集经》，见《大正藏》第十八册第十二卷。

[2] 引自大唐三藏沙门义净奉制译《金光明最胜王经卷》第七“大辩才天女品第十五”，见《大正新修大藏经》。

为“北方多闻天王”，其右为“西方广目天王”。“广目天王”后方有若干侍从天女。“菩提树神”右为“辩才天”亦称“妙音天”（图4–09），为音律神。经卷中颂扬“辩才天”曰：“以孔雀羽作幡旗，于一切时常护世，狮子虎狼恒围绕，牛羊鸡等亦相依。振大铃铎出音声，频陀山众皆闻响……”[2] 壁画所绘辩才天“面如满月，目如修广青莲叶”。八臂二臂合掌，六臂持物。“欢喜母”作立像，两子依偎两旁，面容端正，“欢喜母”被描绘得极具慈母情怀，纯粹、真诚、深厚，动人心魄。“欢喜母”身后为“风天”，为十五镇方神中的“镇西北方神”，壁画绘为武士像，面为绿色，左手持斧，身后立一药叉执风幡。在“风天”之后为“焰摩天”，世称“阎罗王”，为地狱主宰，壁画中“焰摩天”被绘为帝王之相，旁立“牛头”，孔武强壮，昂首持锯刀而立。“焰摩天”前为“密迹金刚”像。

“帝释梵天图”是诸天神群像，形貌迥异的各色人等被有序地构置在同一画面中，绝非简单的排列组合，而是建构严密，有诸多关联和核心相向。人物形象勾勒及整体表现上虽偏于纤丽，但工艺之繁琐、设色之华贵、制作之精良世所罕见。综观法海寺壁画，不同铺面、不同的主题、不同的动势、不同的布局构图及不同的年龄、性格、身份、地位既多样又统一，众多的人物有一致的行为，但神态多变。每铺壁画有自身的主题，在人物刻画及表现的顾盼关系上相互呼应，不同铺面的人物关系也有独到的安排。帝释梵天虽然在构图上被绘制在两铺分开又对应的壁画之上，但彼此呼应、气势相连，犹如一张完整的画面。间隔两壁的大门缓冲了对立而峙的壁画，充分利用了中门，使之成为壁画不可缺少的画面部分。这种呼应、对称、装饰不是简单地流于形式，否则仅能称之为手法多样或具有形式感；超越形式和表面的好看的是：构图布局服从于主题的表达，对人物形象的刻画揭示了内在情感，表达了性格，使人物形象各具特点、个性十足。繁而有序的构图、华丽厚重的设色，以及精工制作是手段和过程而非目的。所绘形象及山石、祥云、流水皆从属于画面需要凝结“赴会”这一主题，在同一赴会的场面中展现了具有不同的动势、仪表、情态、气度的不同形象。法海寺壁画中帝王之威仪、帝后之德淑、月天及功德天之美丽、韦驮天之俊逸（图 4–10）、侍女之顺眉（图 4–11、图 4–12）、四大天王虽孔武不足但绚丽辉煌世之少见。天王为佛教中的护法善神，在中国尤其在民间的演变发展中，他们凝聚了深厚的民族色彩和精神寄托。善男信女把自己美好的期盼都归集于天王一身，天王也有护佑众生平安吉祥之意。法海寺壁画四大天王不仅符合佛经所说的现愤怒相，在孔武威严中还有世间人性的流露。壁画中还有大量的瑞兽祥鸟、青狮、白象、金狮、花豹、野猪、青蛙等，刻画深入，毛发如丝。法海寺修建历时三年又七个月，参与的工匠画师达 196 人，壁画由 15 人分门别类完成了绘制，在法海寺内遗存碑上有详细记载。因为是皇家敕封，在人力物力充足的情况下，法海寺壁画的制作精细到无以复加。地仗存世至今完好无损，历经明清时数次地震，除与木构接合部和地基沉降原因造成的裂缝，其他部位无龟裂无凹陷，甚至无酥碱及空臌。

明代壁画，难以回避明代人文思潮的影响，更无法从明代绘画的艺术追求中剥离出来。纵观明代绘画，整体的倾向是弃元追宋，元代文人士大夫追求的写意精神被摒弃，宋代院体画缜密、精工、绚丽、辉煌、崇尚礼法，被奉为经典，再引时代风尚（图 4–18）；

复古崇宋去元不仅是明朝为统治之利所采取的政治手段，其实也是明代在商品经济发展的背景下，应社会需求绘画转型的必然结果。有院体背景的以戴进为代表的浙派绘画，“吴门四家”所代表的文人画传统绘画，共同地追求趋向复古。在这场复古主义精神影响下，明代初期绘画凸显从精神上舍南向北的逆转，从南宋文人画风向北宋院体画风回归的转变。这种文化转向与明朝的基本国策一致，获得了明代皇家的认可和肯定。明代绘画“可宋可元”，是指明代绘画在美学上在意趣与工巧间徜徉，绘画之道应是意趣与工巧的完美结合。回看宋代绘画“精工之极”“以巧太过而神不足”，而元代绘画“不求物趣，以得天趣为高”。明代绘画以“明四家”为代表，身体力行地践行着寓意趣于工巧，最终以精工至上的美学追求。这种追求反映在壁画上，法海寺便是最直接的例证。

复古运动给明代绘画带来了多样的画风，一时画派各立，竞相纷呈。这种局面，是深层的明代社会变革所致，是近世商业化浪潮蔓延波及绘画的映射。中国传统绘画的造型、语言、风格、技术都已成熟到无以复加，描绘物象、再现自然已不是追求的目的，难题是用现有的风格、语言、技艺追逐自然的同时，又有多少能为自己所用，成为心性流露的桥梁。

在明代绘画的各种纷争中，董其昌以其绘画成就和学养，在明末有着举足轻重的影响。他逆转了明初抑南扬北的学术主张，提出“画分南北”“南北宗”之说。

“画分南北”因董其昌而众所周知，类似说法早于他已有人述及。詹景凤（1528—1602年）曾说：“山水有二派：一为逸家，一为作家，又为行家、隶家。逸家始自王维……其后荆浩、关仝、董源、巨然……米芾、米友仁为其嫡派。自此绝传者，几二百年，而后有元四大家……远接源流。至吾朝沈周、文徵明，画能宗之。

作家始自李思训、李昭道……李成、许道宁。其后赵伯驹、赵伯骕……皆为正传，至南宋则有马远、夏圭……至吾朝戴进、周臣，乃是其传。”[3]

詹景凤所说“作家”与“逸家”之分，是指专业画院画家与非专业文人画家的区别。董其昌再言及此，褒贬不一。徐复观评述：“在这里我们应该注意到董其昌的艺术境界……到五十以后，始由精工归于技巧上的平淡。所以他有‘行年五十，方知此一派（精工派）画，殊不可学’之语。……在他的《画旨》中，实将转变前后的语言文字，混编在一起；而‘文人画派’之分，‘南北宗’之论，只是他暮年不负责任的‘漫兴’之谈。但因他的声名地位之高，遂使吠声逐影之徒，奉为金科玉律，不仅平地增加三百余年的纠葛，并发生了非常不良的影响。”[4]

相比于华人学者对董其昌的“历史批评”，美国学者高居翰的评论是较为公允而更有见地的。他说：“董其昌也大同小异地指出，将绘画分为南北两宗，乃是一种关系的类比。不过，董其昌利用禅宗作为类比，则规避了以业余与职业二分法为基础所带来的一些困境。此时，业余、职业二家所形成的大脉系，早已建立，少有质辩的余地。同时，一些问题重重的细节，例如应当如何为荆浩、关仝正名，将其纳入业余画家之流等，如今也都被提升到了一个较高的层次——在此，荆浩、关仝与‘顿悟’一派绘画的从属关系，则已毋庸置疑。今日，‘南北宗’理论时而为作家所鄙夷，因其不符历史的发展；实则，却也因为此一立论超越了纯粹历史的层面，反而

[3] 引自（明）詹景凤：《饶自然“山水家法”跋》，转引自陈传席《中国山水画史》，第 437 页，天津人民美术出版社，2001 年。见《中国美学通史 · 明代卷》，第 273 页。

[4] 引自徐复观：《中国艺术精神》，第 282 页；见《中国美学通史 · 明代卷》，第 284 页。

[5] 引自《山外山：晚明绘画》，第 14 页，作者：（美）高居翰，见《中国美学通史 · 明代卷》，第 285 页。

[6] 引自《侯鲭录》卷八，清《知不足斋丛书》本，作者：（宋）赵令畤；见《中国美学通史 · 明代卷》，第 286 页。

[7] 引自《画禅室随笔》卷二，作者：（明）董其昌；见《中国美学通史·明代卷》，第291页。

正是其最大的成就。”[5]

关于精工和平淡的关系，苏东坡曾有一段论述：“凡文字……渐老渐熟，乃造平淡。其实不是平淡，绚烂之极也。”[6]

但是，董其昌并不认为“穷工极研”就能达到“淡”的超逸之境，他以草圣张旭和王子安为例，他们每每或狂饮或熟睡之后，下笔龙飞凤舞，若有鬼神。由此认为，“墨戏”的本质是“得诸笔墨蹊跷之外”[7]。

明代良好的文化开端，绘画对唐宋的追摹，在明末方向的一路偏离，不能简单地归咎于董其昌晚年的“漫兴”之谈，但他的个人美学意趣及强大的个人学术影响，引领中国文化的复兴背离初衷，从宏大的文化追求渐趋纯粹的个人心性诉说。

明代经历了弃元追宋，从国家制度、法规、典章彻底逆转，重修律政、褒奖艺学、招纳前遗、举荐贤明，俨然一派国家太平、文化灿烂之气象。但另一方面，自太祖朱元璋起，以苛政治国、杀戮功臣、禁锢思想、尊崇程宋、兴文字狱，士人噤若寒蝉。明代300年思想学术，竞相摹古拟古，创作力锐减，远难企汉唐，近不及两宋。比之元帝国，森严的等级划分虽然不存，但从事壁画绘制的工匠的地位却并未因此而有根本的改变，大批工匠还在为基本的生存而挣扎。

第二节

宫廷、官府与民间壁画制作的异同

壁画制作由民间招募高手服务宫廷，经宫廷系统规范后再传入民间，画师的地位随时代变迁每况愈下。传统绘画以师徒制作为重要的传承制，其施教多是口诀式的口传心授。这是中国艺术传承的一个独特的方式，因民间画师文化教育的缺失，鲜有文字传授学徒，所以口诀成为重要的传承方式。历代画工从绘制壁画的实践中总结出来便于记忆的行话，朗朗上口，世代相传。因口诀是从艺术实践中凝练而成，虽然朴素但具有很高的科学性。例如：行七坐五，一肘三拳；文人一颗钉，武人一张弓；要想让人笑，嘴角往上翘；男画吞肩，女画露项；画人难画手，画物难画狗……诸如此类的口诀，在民间画工从学画起，日益背诵，心记手追，有的竟成一代宗师。在山西寿阳普光寺的壁画的色彩薄涂部分仔细辨认，可以隐约看到很多按工序流程标注的文字（图 4–15~ 图 4–17），与后来北方地区总结出的简化称谓相像。在壁画漫长的发展过程中，民间画塑行总结了一套简单便识的文字，以方便文化程度不同的画工按标识按部就班地绘制。如，红：“工”；朱砂：“朱”；朱磦：“票”；银朱：“艮”；紫：“子”；黄：“土”；花青：“主”；石青：“玉”；油绿：“由”；白粉：“分”；墨：“木”。

画行在绘制操作上形成了术语和行话，例如，“丸”：染；“火”：淡染；“通”：由根向梢染；“加”：另外再加；“满”：全染全涂；“花”是花纹花斑花点；“木丸”即墨染；“火石”即是淡石绿；“石火”则是石绿淡染；“通丸后加工”即由根到梢用赭石去染，干后再加红色；“石丸”即石绿打底、草绿再染；“票丸艮花”即用朱磦染过，再用银朱画花纹。这种简单易识的文字为自幼当学徒、文化教育缺失的民间画工带来了学习和绘制上的便利。

壁画绘制自吴道子前便有勾勒后由助手填色之法，但民间绘制则是各司其职，责任分明；进入程序化则是宋代壁画制作规范后的流程。

宫廷、官府、民间在壁画制作程序、用工、用料上有诸多相通之处，相互影响和渗透。因为宫廷的许多严格规范，本是来自民间，引入宫廷为宫廷所吸纳后，转而又流入民间，由此带来行业内的良性反应和循环。而国家工程人手紧缺时，官方就会在民间画行招募高手参与盛事，彼此之间的信息交流、技术传授、管理模式以及系统化流程，无论在宫廷、官府还是民间，都变得畅通无碍。所以中国传统壁画绘制，无论在宫廷、官府还是在民间都有着深厚的根基。

高平开化寺壁画根据碑文记载，由民间画师郭发率众组织绘制，这与宋代画院每遇国家工程常招民间画塑行能工巧匠参与制作的院规相符。高平开化寺地处宋辽交界的古潞州（今长治市），算是兵家战火纷乱之地，因设有国家翰林图画院，画师领衔绘制也在情理之中。但地仗制作、所用稿本、绘制工序都与宫廷、官府绘制过程相同，绘制水平在宋代即使不是顶尖水平，也应是代表了宋代壁画绘制的基本水准。这也应对了宋代壁画绘制系统规范后宫廷与民间的标准差异缩小，更显示了有不少高手不愿被翰林图画院的体制束缚，隐于民间自在创作的情况。

而繁峙岩山寺的作者王逵则是御前画师，本服务于宫廷，在他年老去职之后，又以民间画师身份承应率众进行岩山寺壁画的绘制。画师迟暮，他以 68 岁高龄完成了壁画绘制，为后世惊叹。从壁画地仗现状分析，岩山寺历经 850 多年，除墙根部分返碱有剥落外，大部分墙面平整、结实，绘制工序缜密、考究，无论人物造型、勾线、设色、沥粉贴金、建筑界画都无懈可击。岩山寺地处如此边远的北国，虽为五台山之北门户，但毕竟与经济、文化发达的大都市重山远隔，在绘画材料、人手调度不便的金代，这诸多不利因素都被强大、完善的绘制体系消解得了无痕迹。

永乐宫三清殿壁画的作者马君祥、马七虽自题为待诏，但元代并未设国家画院，他们的真实身份还是民间画工，但整个工程又因全真教与元朝统治者的密切关系获得支持，实际为民办官助的半国家工程，故有足够的资金支持来遍寻顶尖绘制高手共襄盛事。壁画粉本高妙，道子遗风犹在，画师技艺精湛，使永乐宫三清殿壁画得以成为中国壁画的经典之作。这绝非靠机缘巧合，而是由自身的艺术成就决定，放在中国美术史任何阶段，永乐宫三清殿壁画都是巅峰之作。

纯阳殿、重阳殿则由名冠一时的画师朱好古门人所绘，其师之风影响数代。二殿壁画不依赖粉本，有更多的原创构图、造型、设色，与三清殿壁画相映生辉，共同构筑了元代重彩殿画的逆袭，在文人画日盛的元代开出了不一样的花朵。

法海寺壁画是真正意义上的皇家御制，大太监李童监工，由宫廷画士顾行、张平、李原、潘福及宫廷画士官苑福清、王恕等共 15 人历时三年有余完成壁画绘制。明代恢复宋制，宫廷画师归属东厂锦衣卫编制，身份官职为指挥使等称谓，故参与法海寺壁画绘制的应是与宫廷画师不在同一系统的高级宫廷技师。但他们技艺精湛，资金充足，拥有少见的工作条件。所以法海寺的壁画在地仗制作上优于同时期的欧洲壁画的底子，得益于这批画师不为生存而挣扎，可以有足够的时间、金钱，可以在绘制工艺上精益求精。法海寺壁

[8] 引自（唐）张彦远《历代名画记》卷第七之“南齐”，第116页。

[9] 引自（宋）郭若虚《图画见闻志》之卷四“纪艺下”，见《图画见闻志·画继》，第159页。

画为明代壁画树立了超高的标尺。

中国传统壁画绘制自先秦始，大多数为国家工程，绘制材料及资金也主要来自国库支付。据《历代名画记》记载：“毛惠远，荥阳阳武人。善画马……官至少府卿，市青碧一千二百斤，供御画用，钱六十五万。有言惠远纳利者，世祖敕尚书评价，贵二十八万，杀之。后家徒壁立，上悔痛之。”[8]说明南齐时壁画绘制不但有国家拨款还由画家本人亲自采购，但责任也因此重大，竟至有杀身之祸。郭若虚在《图画见闻志》中记载了擅长画猿和鹿的北宋画家易元吉接受国家工程，接受皇家委托画宫殿回廊《百猿图》，并收到首付二十万的绘制经费[9]。由此可以看出壁画绘制因其特殊的社会功能和国家定制，在资金来源及工程运作上是有足够保障的。宋代以后壁画绘制的系统化、规范化为这一行业的发展打下了坚实的基础。有宋一代近世人文的勃兴、市民文化的融入，壁画绘制市场化初见端倪。

金、元以后，由于国家层面对壁画绘制的支持减弱，虽有山西繁峙岩山寺惊世一瞥，不过是两宋文化的余光返照。连工程浩大的永乐宫壁画绘制也不过是民办官助的准国家行为，壁画绘制行业几近彻底民间化。

明代的中国，资本主义萌芽初现，商业经济活跃。经济发达地区的苏州、扬州，出现了艺术品在市场上销售，或类似于“扬州八怪”的文人墨客在盐商的资助下纵横江湖，这些文人画家大多不肯从属于市场，又没有固定的收入来源，常处在令人难堪的现实社会中，甚至朝不保夕，但壁画的绘制仍然处在较为规范的系统之中。明代恢复旧制，宫廷重设画院，法海寺是明代宫廷寺观壁画绘制的典范，有皇家敕封，出师有名，资金充足，高手云集。如此集精工与艺术于一体的案例，在明代也实属罕见，比之于在生存线上挣扎、以此为生的民间画工不可同日而语。

对比上述壁画案例，绘制者身份有纯粹的民间画工，有宫廷画师转入民间，有民间画师为官府征用，有真正的宫廷画师。虽然他们所处的社会阶层不同、地位有别，但所绘制的作品都传世千年，为后人膜拜。究其原因是共同的，就是体现了超高的艺术水准、精良的绘制工艺、严格的绘制流程，这一切都是有宋一代壁画绘制工序规范化、体系化的延伸和沿革。宫廷与民间你中有我、我中有你，中国传统绘画传承有序，铸造了传统壁画灿烂的遗存。

伍 壁画之理法

图 5-01
界尺勾线

图 5-02
孙景波教授在勾线

图 5-03
王颖生教授在勾线

图 5-04
王颖生教授在上色开脸

图 5-05
做墙土块

图 5-06
土坯

图 5-07
垒好土坯的墙

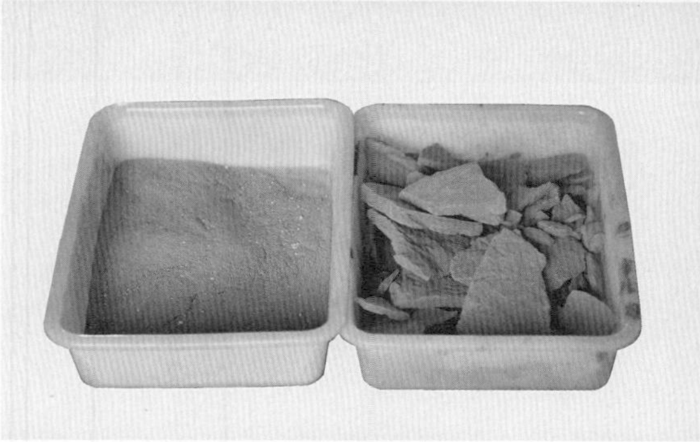

图 5-08
制作完成的地仗

图 5-09
挂麻刀

图 5-10
制作地仗层

图 5-11
五代　顾闳中　韩熙载夜宴图
绢本设色　纵 28.7 厘米、横 335.5 厘米
北京故宫博物院藏

图 5-12
盛唐　张萱　虢国夫人游春图
绢本设色　纵 51.8 厘米、横 148 厘米
辽宁省博物馆藏

天水摹張萱虢國夫人遊春圖

图 5-13
元　山西芮城永乐宫纯阳殿北壁门上
八仙过海图

图 5-14
明　北京法海寺大雄宝殿北壁西侧
帝释梵天图（局部）　豹子

图 5-15
明　北京法海寺大雄宝殿北壁西侧
帝释梵天图（局部）　狮子和狐狸

图 5-16
元　山西稷山青龙寺大雄宝殿西山墙
弥勒说法图（局部）

图 5-17
元　山西芮城永乐宫三清殿西壁朝元图（局部）　天女

图 5-18
元　山西芮城永乐宫三清殿西壁朝元图（局部）　太乙

图 5-19
明　北京法海寺大雄宝殿北壁东侧
帝释梵天图（局部）　东方持国天王

图 5-20
明　北京法海寺大雄宝殿北壁东侧
帝释梵天图（局部）　咒师

图 5-21

北魏　甘肃敦煌莫高窟第 254 窟主室北壁

尸毗王割肉贸鸽图（局部）

图 5-22
西魏　甘肃敦煌莫高窟第 249 窟南壁
说法图

图 5-23
北周　甘肃敦煌莫高窟第 428 窟北壁东侧
说法图

图 5-24
北宋　山西高平开化寺大雄宝殿西壁中部
释迦牟尼说法图

图 5-25
北宋　山西高平开化寺大雄宝殿东壁
大方广佛华严经变

图 5-26
金　山西繁峙岩山寺文殊殿西壁壁画

图 5-27
金　山西繁峙岩山寺文殊殿东壁中部
佛传故事之释迦牟尼说法图

图 5-28
金　山西繁峙岩山寺文殊殿西壁（局部）

图 5-29
元　山西芮城永乐宫纯阳殿北壁
纯阳帝君神游显化图

图 5-30
元　山西芮城永乐宫纯阳殿西壁
纯阳帝君神游显化图

图 5-31
元　山西芮城永乐宫重阳殿神龛后壁背面壁画
重阳真人悯化图

图 5-32
北魏　甘肃敦煌莫高窟第 254 窟主室南壁
萨埵那太子舍身饲虎图

2—2

图 5-33
隋　展子虔　游春图
绢本设色　纵 43 厘米、横 80.5 厘米
北京故宫博物院藏

图 5-34
公元 5 世纪　新疆库车库木吐拉石窟新 2 窟主室穹隆顶

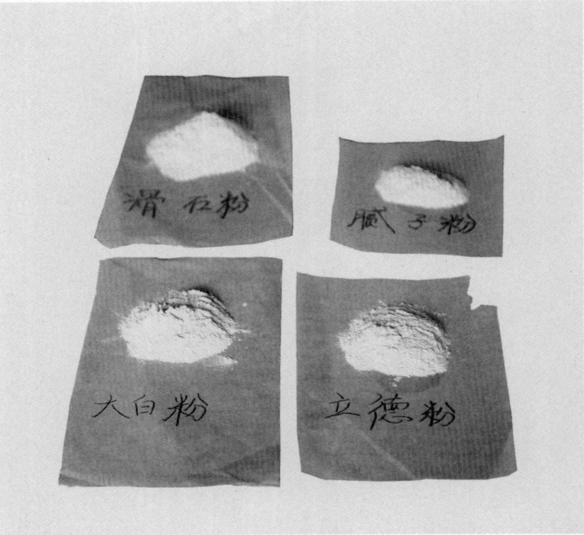

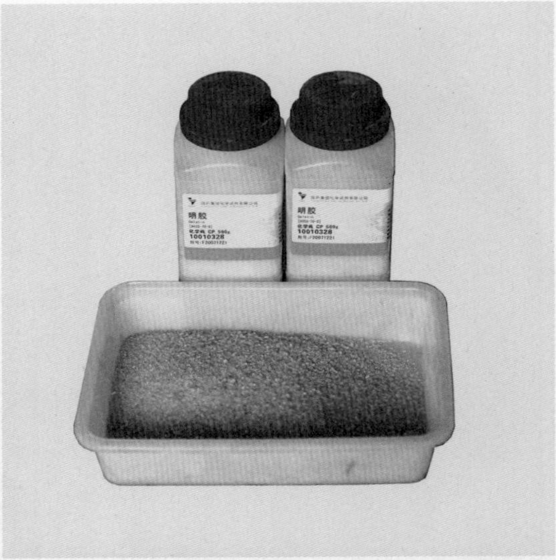

图 5-35
沥粉所用粉

图 5-36
胶

图 5-37
沥粉的工具

图 5-38
沥粉泥子

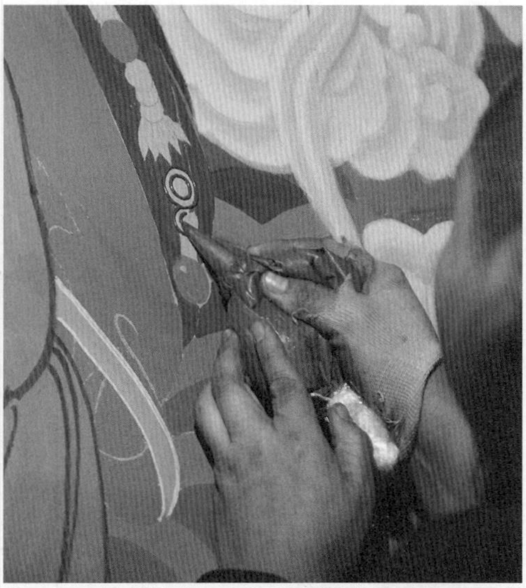

图 5-39
沥粉

图 5-40
泥金

图 5-41
金箔

图 5-42
沥粉

图 5-43
抹胶

图 5-44
贴金

图 5-45
清扫

第一节

壁画之地仗

[1] 引自《〈营造法式〉译解》卷十三“泥作制度”，第198页。

地仗制作在中国传统土木建筑中，与建筑完美的工艺结合，相得益彰又自成一体。地仗为壁画之载体，墙在画在，墙摧画亡。与同期的欧洲建筑壁画比较，中国传统地仗的材料配比之合理、制作工艺之精良、保存现状之完善，有过之而无不及。将地仗置于壁画理法之首位进行论述，是对中国传统工匠精神的致敬。

高平开化寺、繁峙岩山寺、永乐宫、法海寺壁画历经宋、金、元、明，虽经时代变迁、兵灾战火及地震水灾等损害，壁画却保存相对完整，作为壁画载体的地仗起到了至关重要的作用。地仗制作工艺古已有之，在漫长的发展、完善过程中，形成了相对稳定的制作方法和固定的材料工具，虽因时代、地域、环境、交通等诸因素所限，在材料选择和制作工序上有一定差别，但自宋代李诫在《营造法式》中详尽地制定程序后，便为后世的工程树立了标尺。宋、金、元、明地仗制作形成固定的规范，在壁画的墙体制作、现场施工、材料运用及制作方法上大抵可以总结如下。

材料：胶泥、地表土、粗砂、细砂、白麻、青麻、麦秸、棉花、驼毛、头发、纸浆、豆浆、米浆等。

工具：皮卷尺、界尺、丁字尺、灰刀、木梳、铙子、铲刀、抹刀、竹签、木楔、脚手架等。

施工：宋代李诫《营造法式》卷十三记载了泥作制度“画壁”：“造画壁之制：先以粗泥搭络毕，候稍干，再用泥横被竹篾一重，以泥盖平，又候稍干，钉麻华，以泥分披令匀，又用泥盖平；以上用粗泥五重，厚一分五厘……”[1]

地仗支撑体以土坯砖砌最佳，与粗泥、细泥及绘画层结合紧密、融为一体，且不易起臌、泛碱，在土坯缝间以30厘米间距钉入木楔或竹签，以备后序缠麻固定。如墙体为砖墙，则在缝隙中钉入约五寸许麻穗，在上粗泥后起到牵拉作用，形成一体。

先以加麦秸、粗砂合成的粗泥大力摔上墙，约三至四寸，以抹刀找平，用浸泡后的湿白麻以“米”字格在木楔间缠绕，干后白麻收缩与粗泥连为一体。在粗泥的基础上，第二层以细泥合细砂、细麻刀均匀搅拌，晾放半日平涂，厚约五分，以抹刀压磨平展后，反复洒水、反复碾压。

用清水浸泡细筛后的地表土、白土、白垩土，水略高于细土少许，如矿物质颜料漂制。待细土溶解后搅拌均匀成稀糊状，加淘米水或生豆腐浆，豆腐浆与水各占一半配比。用羊毫毛刷蘸汤均匀平涂，刷子行“十”字，不可横涂竖抹，一遍干后再刷二遍，刷三遍即可。

上述地仗制作流程适合于寺观壁画或殿堂壁画；墓葬壁画多为急就之作，地仗中砂泥因潮湿较难保存，多以石灰抹墙。石灰性烈烧色，植物颜料或水色极易褪色，墓室壁画所留色彩涂抹较厚的矿物质颜料，在封闭不通风的情况下色彩能保持，打开墓室则颜色极易褪色，失去原作精神。

石窟壁画的地仗制作则比寺观壁画的地仗制作要简单，层次要少。比如敦煌第 254 窟壁画的地仗只有两层，而克孜尔石窟第 47、48 窟直接在砂岩上抹了一层泥就开始绘制了。

高平开化寺地仗层是在宋代工程工序形成统一规制后制作的，历经 900 多年的历史沧桑保存至今基本完好。虽然壁画沥粉贴金部分遭人为刀刮斧铲，坑洞密布，但地仗的基础用肉眼仍可判断是按宋代工程规范施工完成。从落架大修前拍摄的图片看裂缝处，粗泥层里掺有麦秸、粗砂，细泥层有麻刀类纤维。繁峙岩山寺壁画地仗表面平整度要优于高平开化寺。岩山寺虽然远离中原，但作者王逵是在28岁时、国破后才辗转到金，中原文化已经是渗透到骨子里，所以岩山寺壁画的所有墙体、地仗制作、绘制方法皆源于北宋，是中原文化的延伸。山西永乐宫壁画的泥层结构与宋代李诫在《营造法式》中的论述十分接近，据1959年参与搬迁的祁英涛先生记述，永乐宫元代壁画的泥层结构，在土坯墙上共抹泥三层，经我们分析结果如下。

第一层（底层）：麦秸泥厚2.55厘米，其中短麦秸3.7%、黄土96.3%；

第二层（中层）：麦秸泥厚0.38厘米，其中碎麦秸3.2%、黄土96.8%；

第三层（面层）：砂泥厚0.2厘米，其中细砂63.6%、黄土32.8%、纸筋3.6%。

以上比例皆为重量比。永乐宫的壁画泥层中保留了宋《营造法式》中所述“钉麻华以泥分披令匀”的做法，在第二层麦秸泥上，钉一排铁钉或竹钉，上缠麻线，分披在泥层中。

因永乐宫地处晋东南，属北方地区，与宋代《营造法式》记述比较，未用竹篾作支撑，而采用麻刀，加强了地仗层的纤维的连接。

永乐宫壁画传世近800年，在地仗制作中所用材料至关重要。因搬迁是在各种设备及仪器都不具备的20世纪50年代，所得数据也是比较原始的记录。据当时参与搬迁的中央美术学院教授王定理先生80年代回忆口述，他在分块切开的壁画侧面观察，在绘画层下面的一厘米厚的泥层中，如毛毡般的纤维千丝万缕、充满弹性，泥砂只是灌注其中。所以中国壁画能得以保存，这与古代画工的聪明才智是密不可分的，他们长期积累研制材料，去粗存精，为后世留下了珍贵的文化遗产。

法海寺壁画是上述寺院中距今历史最短、地仗保存现状最佳的古代壁画作品。明代在复古运动的浪潮中，寺观壁画又再次受到国家层面的重视，作为壁画重要载体的地仗制作也严格遵守了宋代工序流程。法海寺壁画历经 560 多年至今平整如初，除局部人为因素和地基沉降造成的与柱础结合部开裂，未出现空臌、裂纹、酥碱等病变，究其原因是皇帝敕封、皇室定制，钦命大太监监制，又由宫廷工部营缮司修建，材料精良，工序严格。故从墙体制作到泥层配料都确保了地仗层能保存至今。而同时期或晚于法海寺壁画的欧洲湿壁画的龟裂和病变则不可同日而语。

2009 年，我与导师孙景波先生接受了教育部重大研究课题《中国传统壁画教学、修复与保护》，在中央美术学院壁画系历代老先生的壁画绘制和施工基础上，改进了地仗层的处理。以木龙骨为框架多层板找平，亚麻布作底，再用轻胶刮上绘画层，既解决了开裂病变等传统壁画中几近无法克服的问题，因质地轻，也解决了异地施工、运输、安装和建筑载体出现问题拆装维护之不便，从此避免了墙倒画毁的历史悲剧（图 5-01~ 图 5-10）。

第二节

壁画之气韵

[2] 引自曹丕《典论·论文》，见郭绍虞主编《中国历代文论选》，第55页。

[3] 引自[南朝]刘勰《文心雕龙·时序》，见刘勰著、范文澜注《文心雕龙注》，第674页。

“气韵生动”是南齐谢赫六法中的总纲，何为“气”？许慎在《说文解字》中曰：“气，云气也，象形。”指的是自然气态，是物质的，此“气”尚与韵无关，也没有生动之说。但三国时代曹丕在《典论·论文》中曰：“文以气为主，气之清浊而体，不可力强而致。譬诸音乐，曲度虽均，节奏同检，至于引气不齐，巧拙有素，虽在父兄，不能以移子弟。”[2]这是文论史上最为著名的“文气”说。刘勰在《文心雕龙·时序》中说：“观其时文，雅好慷慨，良由世积乱离，风衰俗怨，并志深笔长，故梗概而多气也。”[3]气已经融入中国美学，渗透于中国文化的文学及其他门类之中。何为韵？“韵”与音乐相联，伴随魏晋时期音乐的发展，对“韵”的认识也倾美学化。谢赫最早将“气”与“韵”关联，在《古画品录》中将气韵定为绘画美学的最高价值标准。“气韵”以深刻的内涵充分体现了中国文化所独有的、与世界其他文化迥然不同的精神特征。“气韵”已知，“生动”何解？解释有三，一为修饰，二为运动，三为“（心）生（之）动”，与佛教相连。生动应是充满“气韵”作品的精神的表达，故气韵生动是不可分割的整体。气韵作为审美形态及中国美学在绘画中的表现，经历了蕴育、成熟、发展和消解的过程，从两汉、魏晋至隋唐，气韵的表现达到了鼎盛时期，然后盛极而衰，气在宋代美学对“韵”的亟意追求中消解，“韵”成了宋代艺术品评的最高美学标准。元代社会动荡剧烈，明清又在高度集权的社会制度下，中国古代社会走完了自身的历程，作为中国古代属雅文化也即贵族或精英文化的“气韵”美学，在文化中渐次消解也是不可逆转的自然历史进程。自汉魏至隋唐而五代，中国文化以雅文化占据主流，故气韵得以形成与发展。宋元世俗文化兴起对雅文化冲击巨大，明代两种文化抗衡在雅俗之间（图 5-11、图 5-12）。

所以气韵生动在中国绘画主流壁画上的审美标准，是与其他文化始终一致的，这也是宫廷或院体与民间画师共同的追求。高平开化寺大雄宝殿壁画报恩经变的整体画面感觉起伏跌宕有致，松紧有度，格调高迈，气韵通达。对称性构图容易造成的平板呆滞都被巧妙地避开，尤以西壁所绘在气韵生动上体现最佳，堪与宋代纸本、绢本手卷媲美。气韵生动作为统一的绘画标准具体体现在壁画中，这是宫廷或院体与民间画师之间共同的审美法则。

在《说法图》主佛周边的僧众及世俗人物，都向佛而坐但神情各异，动作小有变化而意趣横生，从精神到气脉相互关联，尤其一气呵成的勾勒，是气韵贯通的支撑和保障，已彻底中原化的人物形象和服饰、配饰、建筑、树石各有变化又符合整体画面要求，佛教绘画在宋代较为彻底的中原化或本土化。背后以云气烘托，气韵自生。各故事场景之间山水相映，色韵、墨韵互不相碍，达到完美的统一。东壁壁画与西壁在格调、造型、设色、勾勒上都有差距，在气韵生动上更有巨大落差，推断整体壁画虽由郭发负责，但两壁领工画师水平不同，领悟及表现自然有别，加之后期修缮补绘水平等而下之，两壁两重天。

山西繁峙岩山寺壁画绘制完成于绘画已趋凋零的金代，但备受北宋文化浸淫、身负绘画绝技的王逵、王道创造了绘画奇迹，岩山寺壁画以气韵生动而论，实应列中国壁画之首。它的整体格调超迈，山水、花鸟、人物完美的结合使整体画面无懈可击：山水秉承了五代、两宋山水的特质，深厚的人文情怀渗透于山石树木之间，远观其势，近观其质，笔意盎然，墨韵通达，山水不言其象已生；花鸟双勾精工之中有意象之美，敷色浑厚华滋，撞粉运用精彩，凸起的肌理隐有写意之精神；人物有万千仪态烂熟于王逵心中，信手拈来，生动可信，来自各个社会阶层的充满个性、特点鲜明的笔下人物，仿佛还带着生活的热气涌上岩山寺壁画。建筑界画占据了岩山寺壁画大幅画面，但不堵不塞不板，谨严而有法度，透出韵律、节奏之美。岩山寺壁画的原创性是它最为显著的特点，在不依赖粉本及经典造型的前提下，前无古人后乏来者，信笔勾画出心中的故国山川之貌人物之态，笔力之强健尤胜于同类题材的卷轴画《清明上河图》，这一切都统领在气韵生动的画面之中。

山西永乐宫壁画虽依据经典粉本，创造性不及岩山寺，但在大匠间出的元代，民间画师以捻子勾勒，凝神聚气，行笔铁划银钩，力能出墙，气势逼人，是气韵生动的另一类完美诠释。永乐宫胜在整体构图气势宏大，人物造型饱满、气足神完，衣带飞扬、璎珞飘舞，满壁风动，是强劲的线条作用下的视觉盛宴，所以气韵生动的基础是骨法用笔。这一点在永乐宫三清殿壁画中得到了充分体现。

纯阳殿、重阳殿有着与高平开化寺及繁峙岩山寺壁画相似的内容形式、世俗生活，山水、人物、建筑并重，兼具连环构图与原创性等优点，但不及二寺精彩（图 5-13）。

北京法海寺壁画精工制作，繁花锦簇，有经典粉本支撑，国家高级工匠绘制，整体气势兼有对称和冲突，是明代壁画中的巅峰之作。如此之作唯在气韵生动和整体格调上弱于开化寺、岩山寺、永乐宫壁画，笔力气势不及永乐宫三清殿壁画，但以敷色细腻、工序谨严缜密胜出，在色韵上也有独到之处。故传统壁画之胜不以工程繁杂与否，不以尺幅大小与否，不以资金充足与否，绘制者的素养、眼光、能力是第一因素，其余皆为条件。中国传统壁画除视觉、材料的特性之外，审美的最高标准与中国绘画无异，那就是气韵生动，六法兼备。

第三节

壁画之用笔

[4] 引自（唐）张彦远《历代名画记》卷第一之“论画六法”，第16页；浙江人民美术出版社，2011年12月第1版，2015年6月重印。

关于用笔及勾线，中国传统绘画把线条和用笔作为具有独立审美价值，是世界上最为纯粹和专一的以线造型的艺术形式。先秦至两汉，中国绘画的用线还处在简约、粗放、朴拙的阶段，魏晋已显雄健俊逸，南齐谢赫在“六法”中把“骨法用笔”放在“气韵生动”之后的第二位，实际上是绘画操作的第一位，“夫象物必在于形似，形似须全其骨气，骨气形似，皆本于立意，而归乎用笔”[4]。用笔勾画出筋骨之线条，把中国的线视为画的筋骨，对画面起决定性的支撑作用，这是中国人对世界的观照方式。中国人对线的情有独钟不仅仅体现在绘画上，中国的土木结构建筑，讲究的是材料之间结榫、穿插、咬合，是结构和线条的起、承、转、合，是整体建筑的框架。“子在川上曰：逝者如斯夫”，时光如水，蜿蜒而逝，这是华夏民族特有的感怀；“飞流直下三千尺，疑是银河落九天”，诗人李白眼中的白色彩练是线条；苏轼的“横看成岭侧成峰，远近高低各不同”，也是线条的世界。中国人的审美及思维方式体现在哲学、文学、经学、建筑、绘画、音乐、戏曲等领域，无不相互滋养、派生体现出东方特有的线性神韵，有绝尘旷世之美。孙过庭《书谱》云：“余志学之年，留心翰墨，昧钟张之余烈，挹羲献之前规，极虑专精，时逾二纪。有乖入木之术，无间临池之志。观夫悬针垂露之异，奔雷坠石之奇，鸿飞兽骇之资，鸾舞蛇惊之态，绝岸颓峰之势，临危据槁之形；或重若崩云，或轻如蝉翼；导之则泉注，顿之则山安；纤纤乎似初月之出天涯，落落乎犹众星之列河汉；同自然之妙有，非力运之能成；信可谓智巧兼优，心手双畅，翰不虚动，下必有由。一画之间，变起伏于峯杪；一点之内，殊衄挫于毫芒。况云积其点画，乃成其字；曾不傍窥尺椟，俯习寸阴；引班超以为辞，援项籍而自满；任笔为体，聚墨成形；心昏拟效之方，手迷挥运之理，求其妍妙，不亦谬哉！”

《历代名画记》记载：“顾恺之之迹，紧劲联绵，循环超忽，调格逸易，风趋电疾，意存笔先，画尽意在，所以全神气也。”[5]魏晋时期还是春蚕吐丝、高古游丝描这类细劲连绵的装饰线条统率画面，“其后陆探微亦作‘一笔画’，连绵不断”“张僧繇点曳斫拂，依卫夫人《笔阵图》，一点一画，别是一巧。钩戟利剑森森然，又知书画用笔同矣”[6]。到了唐朝，天降奇才，吴道子横空出世，章法、布局、形神、赋色、用笔均惊世骇俗，开一代画风，张彦远评价他“古今独步，前不见顾、陆，后无来者。……弯弧挺刃，植柱构梁，不假界笔直尺，虬须云鬓，数尺飞动，毛根出肉，力健有余”[7]。《寺塔记》还记载了吴道子绘制的平康坊菩提寺壁画：“吴道玄画《智度论》色偈变，偈是吴自题，笔迹遒劲，如礤鬼神毛发。次堵画礼骨仙人，天衣飞扬，满壁风动。”[8]曹吴样式，影响了世人，领一代画风，既是对曹不兴、吴道子个人风格的总结，具体到绘画用笔上，说明从魏晋南北朝的均匀细劲的线条，已向更富有变化和表现力的用笔转变。“大小李将军”的青绿山水独立成科，各种技法用笔在山水中得以应用。

五代山水画的成熟，极大地丰富了中国绘画的用笔勾线，皴擦点厾对单纯的勾勒起到了技术补充之效。南唐、西蜀翰林图画院的设置，为北宋熙宁年间创建真正意义上的国家画院做了前期的铺垫和准备工作，甚至画院的制度、设置、画家都为北宋翰林图画院所用。

两宋集中国文化之大成，对历代文脉的梳理总结，为绘画高峰的迭起做了良好的铺垫。宋代画院体制的高度完善，促进了翰林图

[5] 引自（唐）张彦远《历代名画记》卷第二之“论顾陆张吴用笔”，第 26 页；浙江人民美术出版社，2011 年 12 月第 1 版，2015 年 6 月重印。

[6] 引自（唐）张彦远《历代名画记》卷第二之“论顾陆张吴用笔”，第 26 页。

[7] 引自（唐）张彦远《历代名画记》卷第二之“论顾陆张吴用笔”，第 26—27 页。

[8] 引自《中国美术论著丛刊：寺塔记 · 益州名画录 · 元代画塑记》之《寺塔记》卷上，第 15 页。

[9] 引自《图画见闻志》之卷一“论制作楷模”，见《图画见闻志·画继》，第21、22页；作者：（宋）郭若虚，潘运告主编，米田水译注；湖南美术出版社，2000年4月第1版。

[10] 引自《图画见闻志》之卷一“论用笔得失”，见《图画见闻志·画继》，第34页。

画院的空前鼎盛，丹青绘事由此走向巅峰。举国家之力编纂的《宣和画谱》，是第一部系统品第宫廷藏画的书，共二十卷，将绘画明确地分为十门，即道释、人物、宫室、番族、龙鱼、山水、畜兽、花鸟、墨竹、蔬果，各门之中人才辈出。这是宋代近世文化的具体呈现，社会分工愈发细致，各行业的系统化、规范化促进了行业发展。绘画之用笔用线空前丰富和完善，琴弦描、高古游丝描、行云流水描、铁线描古已有之；由这十门派生出来的多种描法，如：曹衣描、兰叶描、战笔水纹描、减笔描、蚯蚓描、蚂蟥描、撅头丁描、折芦描、橄榄描等，大大丰富了用笔程式和线的表现形态，对物象的描摹和表现已与前朝不可同日而语。虽然“十八描”之说通常被认为最早见诸明代邹德中的《绘事指蒙》，另有大同小异的论述也见诸明人汪珂玉的《珊瑚网》，但是诸多描法其实皆源于、成熟于宋代。郭若虚《图画见闻志》曰：“画衣纹林石，用笔全类于书。画衣纹有重大而调畅者，有缜细而劲健者。勾绰纵掣，理无妄下，以状高侧、深斜、卷折、飘举之势。画林木者，有樛枝挺干，屈节皴皮，纽裂多端，分敷万状。……画花果草木，自有四时景候，阴阳向背，笋条老嫩，苞萼后先。……画翎毛者，必须知识诸禽形体名件……”[9]

“凡画，气韵本乎游心，神采生于用笔。用笔之难，断可识矣。……昔宋元君将画图，众史皆至，受揖而立，舐笔和墨在外者半。有一史后至者，儃儃然不趋，受揖不立，因之舍。公使人视之，则解衣盘礴裸。君曰：‘可矣，是真画者也。’又画有三病，皆系用笔。所谓三者，一曰版，二曰刻，三曰结。”[10]

高平开化寺壁画的勾勒及用笔是在如此细致、具体而规范的北宋熙宁年间院体画鼎盛时期，虽然有画工个人的习惯和追求，但在强大的系统化绘制体系里，个人情趣从属整体的要求。开化寺壁画作者郭发是名不见经传的民间画师，但他主笔的壁画行笔却有着强烈的文人画气息，人物脸部行笔饱满圆润，以均匀的铁线描表现对象，用线精准，骨显肉现，人物性格鲜明，贵贱分明，老少有别。衣纹用笔主要根据画中人物身份不同、着装不同而进行变化。释迦像长线劲挺，圆中见方，一气呵成；僧侣、官员、贵胄、信众根据服装质地有别，用经过变化的铁线描画出了衣纹的起承转合，质地挺括就用笔强劲、转折分明；而表现女性及饰物飘带等质地柔软的衣物，则行笔柔和均匀，圆线如行云流水。在勾勒处理社会底层的民众时，以生涩颤抖的用笔恰当地表现出对象穿着简陋、质地粗糙的特点。在勾勒刑场画面时，表现刽子手的衣纹以粗细变化大、顿挫分明近似钉头鼠尾的用线，强烈地显现出人物的性格特点。建筑用笔变化较少，笔简形具，界画特点显著。高平开化寺大雄宝殿壁画用笔，较之晋唐的细劲连绵的装饰线已有很大的变化，从汉代朴拙的用线经历了魏、晋、隋、唐、五代的发展，各种描法已经成熟并类型化。高平开化寺壁画是为数不多的宋代寺观壁画遗存，画史画论虽不曾著录，但从中仍然可以看到，处于中国文化巅峰时期的宋代，在宫廷、官府、寺观、民间的绘画制作系统化、规范化后，形成体系相互渗透和影响，风格差异缩小，整体水平提高到前所未有的高度，有别于历朝历代，充分彰显出其文化的强大。高平开化寺壁画尤以西壁为佳，兼具纸本、绢本绘画的书卷气。

岩山寺壁画与宋画无异，饱受中原文化滋养的王逵在金国绘制岩山寺壁画时已人画俱老，所绘人物、场景、建筑都是他的故国旧梦，信手勾画人物即形象跃然画面。岩山寺壁画中的山水、花鸟、人物无一不精，山体树石技法娴熟，勾、皴、点、染一应俱全。勾勒山形地貌后沿线皴擦，用笔与唐画山水中折笔硬转有别，多施以圆润柔和的勾线，不求工细，勾勒与皴擦交融，凹处多皴而凸起处几乎不着一笔。行笔落墨变化丰富而多变，远山远景竟以没骨画法处理，文人画特点被不经意间巧妙置入。另具特点的是树木花草，树石双勾，近处夹叶勾勒毕现，周边间以没骨点簇对比，使画面层次丰富更耐看，树叶有形，花簇有态。建筑界画是岩山寺壁画的亮点之一，宫廷建筑规整，殿宇楼阁分明，亭台水榭有序，时至今日仍可索图施工的精准世间罕见。界画用线沉稳，不急不躁，平中而有变化，栏杆柱头兽吻都沥粉贴金，与线结合无生硬不谐之感，彰显细节精妙，更隐现出建筑的辉煌。建筑屋顶的瓦槽用直尺与手绘结合，结构合理，绘画感强，佐证了高手笔下的游刃有余。最具特点的当推人物，无论是厅堂、官场、市井、酒肆、茶楼等各色人物出场，皆笔随人动，形象各异，五官生动。官服、僧袍、妇孺、贩夫、走卒衣饰及车马、佩饰各具特点的勾勒，变化多端而又风格统一，线条提按转折得当，用笔恰到好处，人物呼之欲出。笔墨当从属画面需要，岩山寺壁画堪称典范。

永乐宫壁画虽署名为民间画工所绘，但前后三殿在绘制时间上跨度较大，绘制班子与绘制水平也不尽相同。三清殿粉本应由大家高手所制，整体构图气势恢宏，场面宏大，有强烈的建筑感。以硬笔捻子勾勒，强劲挺括，铁画银钩，气势逼人，隐有奔雷之势。人物面部如朗月饱满，天尊、帝君、大帝、星宿、神祇、元君、玉女、青龙、白虎、金刚、力士无不性格各异，形象可信。衣纹转折有序，长度近三米的飘带衣饰仿佛一气呵成，在工作条件简陋的元代，画工在没有任何保护的脚手架上攀爬腾挪，把线条衔接得天衣无缝，这是何等炉火纯青的技能，对气韵生动的理解何其充分。三清殿壁画用线虽表现力惊人但变化并不刻意夸大。方笔转折处精钢凿石，力沉千钧；行笔舒缓处如风云涌动、如锥画沙、如折钗股、如屋漏痕、如虫蚀木的意味均在三清殿壁画用线里得以体现。虽然有历史的馈赠让壁画跨越800年更为感人，但画工的刻意追求又何尝不尽在画中。三清殿壁画有别于前朝后世，巍然有大匠之气，纯阳殿与重阳殿多表现世俗人物与建筑，与岩山寺有相同之处，但绘制勾勒又有不及之处。

法海寺壁画则回归北宋院体，是由宫廷工部营缮所负责召集体制内的画师绘制而成。他们各司其职，山水花鸟分工明确，勾勒有序，各显所长。山水勾勒顿挫得当，中锋为主，兼有侧锋、逆锋，山石的阴阳向背随用笔而变化，使得原本只作为配景的山水具有了独立的审美价值。花鸟也是壁画中少见的高妙，夹叶双勾填色，花茎、老枝用笔多变，花头如绢本、纸本之法，用笔细劲入微，渲染细腻柔润，在壁画中既不碍主题又自成亮点。水月观音像自面部颧骨处用笔下行，渐行渐弱，将铁线描发挥至极致，有若游丝、琴弦、行云的特质，把观音勾勒得柔中有骨，珠圆玉润。所披轻纱则实中有虚、虚中有实，以万千条细如发丝的白线勾织图案，使观者不自觉中步入梵界。最为辉煌的当属《帝释梵天》，与永乐宫三清殿壁画比较虽略失气势，但胜在丰富谨严、华丽细腻。以均匀细劲之线统领画面，帝释与梵天气度非凡；各天则雍容华贵，璎珞飘舞；护法则用笔有力拔山河之势；百兽神态安闲如庭园漫步，以千笔万笔丝毛，尽现皮毛如锦缎之华丽（图5-14、图5-15）。法海寺的确

[11] 引自《图画见闻志》之卷一“论古今优劣”，见《图画见闻志·画继》，第 50 页；作者：（宋）郭若虚，潘运告主编，米田水译注；湖南美术出版社，2000 年 4 月第 1 版。

是明代壁画的经典力作。

高平开化寺在整体色调上以朱砂、赭石、铁红为主色调，兼有石绿，以贝白、胡粉开脸，在一派温暖祥和中娓娓道出了报恩经变的故事，表现出现世生活的场景。高平开化寺以宋画的标准评判应该是中上水准，是名不见经传的画家郭发所作。晋东南为中原文化辐射圈，在宋代寺观壁画绘制系统化、规范化之后，基本程序无大出入，都是严格按规制操作。与宋代纸本、绢本绘画比较，开化寺壁画既有壁画特点，又兼具纸本、绢本特色，设色娟秀静雅，充满书卷气。

有宋一代，虽内忧外患，但学术文艺竟不为所乱，“程朱理学”上接周秦，诗文经史虽不能言超越汉唐，但后世元明则无可比拟；注重内修，勤于思考，选择儒家致知格物为研究方法，走出儒学上升到哲学高度。具体到绘画上，分院体和非院体，院体之外轻形重意，绘画题材渐以山水花鸟为重。分科精细缜密，绘画十门都不同程度地高度发展。郭若虚在《图画见闻志》中曰：“近代方古多不及，而过亦有之。若论佛道人物、士女牛马，则近不及古；若论山水林石、花竹禽鱼，则古不及近……”[11] 山水花鸟之兴盛，书写性绘画的渐次成熟改变了宋代的审美情趣和标准，在形似及赋彩诸多问题上虽承传唐风，但实际自成一体。高平开化寺的主殿是这个寺院中最古老的建筑，于北宋神宗熙宁六年（1073 年）重新修葺，完工于哲宗元祐七年（1092 年），在高平诸多古建筑中最具有代表性。修葺期间正是北宋翰林图画院正式建立、黄筌富贵的画风还在引领潮流的时候，所以在开化寺的色彩处理上仍有堂皇之气，朱砂用得响亮，石绿用得沉稳，而石青则是以水色薄涂之法为之，说明当时的敷色已经受五代时墨上着色风气的影响，审美标准已有调整。另外还隐藏着宋与辽、金、西夏的军事对峙、商道受阻的因素，出产于尼泊尔的青金石应该是断了货源。但在石绿中找出若干层次的变化，不板、不结、不死，根据画面需要，将矿物质颜料灵活地作为石色、水色交错使用，体现了宋代绘画行业的从业者大多具备了深厚的色彩修养。专业画家如此，即使名不见经传的民间画师也如此。因为规制已定，其法可循。

山西繁峙岩山寺文殊殿壁画色彩在重彩勾填中融入水墨技法，墨彩交汇，相得益彰。不仅色与色之间，在色与墨之间也是相互交融，自然得当，各种染法运用娴熟，分染、罩染、晕染、勾色、填色、沥粉、贴金、撞粉、撞色一应俱全。深浅浓淡干湿相间，水墨打底，色彩渲染，皴擦点厾，技术与整体画面达到完美结合。中国绘画自成一体，讲究色墨互不相碍，在岩山寺壁画中得到了充分体现。以高古之线勾勒，以古艳之色填敷，周围以墨色烘染，宫殿楼阁亭台以界画之法为之，山石树木以墨线勾勒，以石青、石绿等矿物质颜料分层叠染。庭院杂树双勾敷以石青、石绿，最具特点之处是蛤粉堆染撞色，如玉树银花夺人心魂。岩山寺壁画与宋画迥异之处是大量运用了石青，使整体画面呈现冷色调。朱砂、石绿、石黄、胡粉也都相映生辉，形成了色彩的交响乐。同时也兼具水墨语言的特点，在重彩语境里局部施以水墨，甚至摒弃色彩，体现了作者王逵深厚的色彩学养。

第四节

壁画之形神

[12] 引自郭因《中国古典绘画美学中的形神论》，第3页，安徽人民出版社，1982年1月第1版。

[13] 引自《范缜传》，见(唐)姚思廉《梁书》卷四十八，第三册，第665页，中华书局1973年5月1版。

[14] 引自（唐）张彦远《历代名画记》卷第五“晋”，第86页。

[15] 引自（唐）张彦远《历代名画记》卷第五“晋”，第86页。

中国思想家早在先秦时期就已对形神关系有所论述。形神论是中国古代哲人关于身心关系的问题，虽为哲学问题，却包含着深刻的心理学思想。“形具而神生”出自《荀子·天论》，“形”为身体，“神”指精神或心理。汉代《淮南子》云“神贵于形也”[12]，主张神主形从。南齐范缜发展了先秦的形神观，提出“形质神用”的身心学说。他在《神灭论》中曰：“或问予云：神灭，何以知其灭也？答曰：神即形也，形即神也。是以形存则神存，形谢则神灭也。”[13]

从形神论的发展历程与理论内涵来划分，可以概括为形与神、以形写神及离形得似三个方面。东晋顾恺之则将形神观融入绘画并加以继承发展。相传他绘制人物几年不点睛，问其故，则答曰：“四体妍媸，本无关于妙处，传神写照，正在阿堵之中。”[14] 就是说眼睛是传神的关键，画人物传神要把握好动作、眼神的刻画，所以点睛要在情绪状态最佳之时。“‘手挥五弦’易，‘目送归鸿’难”[15]，道出了神态表现难于动作表达。画论记载，他画裴楷像，在颊上凭主观感觉加三毫，使裴楷的形象“神明殊胜”。

“形”与“神”在壁画绘制中也得到了体现。佛教绘画极大地丰富完善了中国传统壁画的造型方式和手法，而中国传统壁画也以自己强大的自生能力，在外来文化的冲击下做到了强化自己而不失去自己。高鼻深目的佛陀、菩萨在历经汉唐漫长历史的演变后渐次成为本土形象，经变绘画也渐变为现实版的世俗画卷。当历史行程到了宋代，在人物造型上又集前人之大成，达到了一个前所未有的高度。同时绘画理论也进一步完善，对人物类型的归纳更为精到。郭若虚在《图画见闻志》中就有精辟论述：“画人物者必分贵贱气貌、朝代衣冠：释门则有善巧方便之颜，道像必具修真度世之范；

帝王当崇上圣天日之表，外夷应得慕华钦顺之情，儒贤即见忠信礼义之风，武士固多勇悍英烈之貌；隐逸俄识肥遁高世之节，贵戚盖尚纷华侈靡之容，帝释须明威福严重之仪，鬼神乃作丑魏驰趡之状，士女宜富秀色婑媠之态，田家自有醇甿朴野之真。恭驁愉惨，又在其间矣。”[16]

郭若虚对人物形象和气质特点作了高度的概括，说明中国绘画很早就形成了成熟的理论体系来指导绘画实践。博大精深的理论不仅体现在佛道、山水、花鸟领域，甚至对封建社会中身份地位相对低下的妇孺的表现，在画论中也有所论及。如《图画见闻志》曰：“历观古名士画金童、玉女及神仙、星官，中有妇人形相者，貌虽端严，神必清古。自有威重俨然之色，使人见则肃恭，有归仰心。”[17]

高平开化寺说法图的主尊释迦佛，俯望众生悲天悯人，造型气度超迈，在印度32像法里可找到其造像依据。但随着漫长的佛教东渐，佛教绘画在走向中原地区的过程中，释迦形象也有了很大的变化，逐渐走向本土化。以敦煌莫高窟第285窟的释迦说法图为例，释迦形象进入中原到宋代，经历了北魏的粗放大气，西魏至隋的秀骨清像，再到唐代的丰润华滋，逐渐形成了颇具中原特征的面孔，体现出本土造像的特点。这一造像特征逐渐类型化，元代稷山青龙寺壁画的弥勒说法图（图5-16）、元代稷山兴化寺壁画的弥勒说法图（现藏于加拿大皇家安大略博物馆）主像与宋代高平开化寺如出一辙，是同一个造像系统在不同时期的作品。

释迦佛身边的各类人物虽是依据佛经内容所画，但人物动态、容貌、服饰、璎珞、配饰、道具，与敦煌莫高窟前后或同时期壁画中的同类人物相较，已有了巨大的变化和发展。

[16] 引自《图画见闻志》之卷一“叙制作楷模”，见《图画见闻志·画继》，第20—21页；作者：（宋）郭若虚，潘运告主编，米田水译注；湖南美术出版社，2000年4月第1版。

[17] 引自《图画见闻志》之卷一“论妇人形相”，见《图画见闻志·画继》，第40页。

至于说法图身后的报恩经变故事内容及场面中的人物，其形神兼具，顾盼各异，动作眼神是充满生机的现世人物。所绘人物皆着宋装，行中原礼仪，完全是标准的宋代世俗生活画卷。

山西繁峙岩山寺壁画人物尤胜在“形神”，佛陀形象在固定规制里已暗加变化，或正或侧，或坐或立，虽合常态，但相较来看，已迥异于其他任何一幅说法图。百官朝贺、卫队护卫乍看动作接近，细看神采各异。文武百官朝见天子多是背影，眉眼不见，其态自明，虔诚恭敬全在其垂肩沉臂的形象之中。士子、商贾、兵勇、妇女、儿童、游僧、盲人更是形神兼具，穿梭在宫殿、官衙、厅堂、市井、茶肆、酒楼、村野、道旁，各行其是，俨然是宋金时期引人入胜的风俗写照。

山西永乐宫壁画是画师依粉本而制，极易失之概念，不料画师虔诚，粉本又佳，壁画一就，人物形神出彩，几欲破壁而出。近300身人物，天帝不怒而威，众神仪态万千。西王母雍容，士子清雅，金刚威武，玉女贤淑，或揖手礼拜，或回眸顾盼，或移步交耳，引人遐想。永乐宫壁画距今已逾700余年，一班民间画师读书无多，又没有优越的环境接受训练，在战争初平的动荡年代，如有神助，创造出惊天地、泣鬼神的世间百态形象，传世数百年。

北京法海寺壁画两侧众仙赴会是中景人物，平和宁静。背屏三大士是三幅独立肖像，悲天悯人，俯视众生。善财童子单纯可爱，合掌行礼，眼神澄静。咒师像目光深邃，举止超迈，立如古松。《帝释梵天》画面则是群像争辉，形象有粉本参照，但画师的偏好在眉宇、在齿须、在手势、在仪态，方寸之间的细微之变已让形象跃然壁上，形才一二，其神已现（图 5-17~ 图 5-20）。

自先秦至元明，“形神”是中国绘画的重中之重，在壁画中更难以例外。但上下两千年，时代不同，环境不同，绘画者的出身不同，资质不同，受教育不同，何以在形神的表达上保持了高度的一致？理应归结于中国绘画在美学上自始至终的追求，形成了自身的体系。宋代规范后，这一体系更加完善，渗透于宫廷、官府、民间。

第五节

壁画之章法

[18] 引自（清）陈士珂辑撰《孔子家语疏证》，第 72 页，上海书店 1987 年 1 月第 1 版。

[19] 引自（清）陈士珂辑撰《孔子家语疏证》，第 72 页。

壁画自先秦记载可知，在构图样式中有肖像式构图，如“孔子观乎明堂，睹四门墉，有尧舜之容，桀纣之像，而各有善恶之状，兴废之诫焉”[18]；也有阵列群像式构图，如“又有周公相成王，抱之负斧扆，南面以朝诸侯之图焉”[19]；有主像周围簇拥侍从式的构图，与西汉佛教传入中国后的佛教绘画有相似相通之处，如敦煌莫高窟北魏时期的《割肉贸鸽》及 254 窟、85 窟都是这一构图形式的具体例证（图 5–21~ 图 5–23），而后渐成定式。高平开化寺东、西壁主像构图是这一构图形式的延续（图 5–24、图 5–25）。

高平开化寺东、西两壁均有对称式构图，中间为释迦说法，周围诸天人、菩萨环绕，是“一主两胁侍”菩萨构图的演变和拓展。这个“一主两胁侍”的构图形式在佛教东渐的过程中与中国本土的构图样式相结合，衍生出多种形式相互交错。宋代因世俗化日盛，在高平开化寺壁画上得到具体体现。在释迦主像上段，主尊两侧各以倚坐于方形座上的大胁侍菩萨为中心构图，左胁侍菩萨合掌，右胁侍菩萨持物，两位尊者皆面形饱满，仪态安详。在两胁侍菩萨与主尊之间，左侧有五、右侧有四，共九位合掌而立的比丘。位于左侧首位低头沉思、面部多皱、持重稳健的当为摩诃迦叶。分列两侧的胁侍菩萨与比丘旁各有八身尊神，相对应位置有形貌相似者，互为对应。从里至外、自上而下依次为：居左侧首位散发、三面、两手分举圆物者为阿修罗天，与右侧相对应；左侧第二位戴龙冠、有白鸟立左肩，对应右方冠如兽状、一青龙伏右肩，应为金翅鸟天与龙天；两侧列三、五位戴宝冠者，合掌呈女相，天龙八部是也；两侧居四位者头戴通天冠、双手执笏；而两侧居六、七位者则披甲仗剑，当为四大天王；居八者上身袒露，怒发冲冠，为护法力士。上段所绘为天龙八部及天人力士等众神。

壁画中段两侧共绘有28人。两侧上方各分列有双手持幡侍女，而两侧主尊台座近处各单跪一供养菩萨于莲座上，着长裙，双手平端盘于胸前，盘内置珊瑚，12名男身居左侧，居前四身似王侯，首戴通天冠或进贤冠，跪席合掌，后三身戴胄披甲，握拳跪坐于席。下有五比丘席上合掌跪坐。而右侧12女身，前四身身着广袖衫，跪坐合掌席上，身后三身跪坐合掌，身披帔帛，下亦有五比丘尼合掌跪坐。中段所绘为欲界诸天子、眷属以及比丘、比丘尼。

壁画下段两侧绘有15人，居左侧下绘八人。五男子着长衫居前，三人合掌后立，男子位前，居中女子捧盒，童子随后。居右侧为七人，合掌扎裹巾五女居前，后台阶之上男女二人合掌而立，女子置后，下段所绘内容为世俗供养人等。

第二、三、四说法图在局部稍有差异，人物安排穿插有细微变化，基本构图和形式类同。四图式比较，除第四铺说法图壁面左侧有较重损毁，中间部分及右侧也存有漫漶不清之状，一、二、三铺说法图均表现佛与弟子或菩萨呼应问答为引导，上、中、下画面穿插诠释图解经文，明确点明各铺主题。这种画面中置主尊两侧分列胁侍菩萨、天王与护法及众生的构图绘制形式，秉承初唐、中唐及晚唐至宋的经典经变画图像特点，绘制内容与经典记述虽有一定联系但并非严守必然的关联，有很大的任意性。同一经变分绘有四铺说法图，打破了原有的构图样式，依据的是《报恩经》叙事方式和画面结构来安排的布局构图和人物组合。

高平开化寺壁画经分类、比较、考释辨知，有61个场面、九种故事，其中除最后两个场面因图像模糊不清难以辨认外，余下的

59 个场面与经文均可对应识别。画面展示八种故事皆以两个以上场面构成，详尽细致地展现了具体情节和故事内容。只有第一种故事用一个场面来表现“阿难颂孝”作为引子例外。画面展开表现的故事图没有严格遵守经文叙述的序次，与单个画面中心说法图的特定内涵有关联，但又不为具体的说法图区域严格限定。在表现同一故事内容诸多场面或被归置相关或相邻，但各场面之间的分置归类安排则随性而任意，画面大小亦不尽相同。与经文内容关系密切的场面会有重视程度不同，在构图安排上与所在位置没有必然的联系。整体布局上故事图与说法图相映生辉，各具特点又达到和谐统一，谨严而又有法度，是经典的经变构图壁画。

高平开化寺壁画 61 个场面九种故事的绘制，是宋代宗教壁画构图、造型、设色较为彻底的本土化和世俗化的具体实证。因中原一带遍寻唐代寺观壁画，除五台山佛光寺有零星遗存外，几乎消失殆尽，为我们今天的研究和梳理带来了断代无法系统比较的困难。敦煌莫高窟、榆林窟壁画自北魏建窟，除宋、明两朝因疆域所限也出现断代，其他各朝大体可以延续。敦煌莫高窟、榆林窟所处的特殊地理位置，汇聚凝结了西亚外来文化和西行的中原文化的交融与碰撞，但各个文化的脉络发展仍然有迹可循。唐代经变画已形成较为固定的模式，中间为主像、两边胁侍菩萨依次站立。因敦煌远离中原，画工水平参差不齐，有不少铺壁画虽有粉本参照但仍不乏画工的意外之举，神来之笔透出画者超越粉本的机智与敏锐，显示出智慧的灵光，这与中原壁画规范的制作流程有不少差异和另类。

山西繁峙岩山寺壁画与高平开化寺有异曲同工之处。岩山寺壁画的西壁（图 5–26）左侧为授记图，所绘内容为普光如来为释迦的前身善慧仙人授记的故事场面情境，有榜题在侧，“此是鹿皮仙人铺口佛经之处”。据《过去现在因果经》记述：修道太子即将成佛时为魔王所扰，然“菩萨怡然，不惊不动”。[20] 魔王放箭，结果菩萨“眼不视箭，箭停空中，其镞下向，变成莲花”[21]，降魔成道。

西壁中间偏下位置，绘立于云端的四分之三侧释迦佛，着朱红袈裟，上有头光，身后有火焰状背光，袒胸赤足踏于莲台之上，祥云环绕。

岩山寺壁画的东壁则以说法图为中心（图 5–27），释迦佛身披袈裟端坐于莲台，身后背光、火焰纹交相辉映，上端有祥云缭绕，菩萨、僧众皆环立四周。与高平开化寺的说法图比较，构图有一定差异。两侧绘佛本生图，其内容尚可辨识，为须阇提太子本生经变图与鬼子母本生经变。

岩山寺壁画略晚于高平开化寺壁画，两寺壁画均显示了宋、金壁画已达到炉火纯青的境界。岩山寺壁画在主像及本生故事的构图布局上显得更为自由和更具独特的个人创造性。岩山寺文殊殿壁画东壁较多采用了前代粉本加以变化，构图基本对称，以释迦说法图为画面中心，围绕说法图周围有菩萨、比丘、天王、力士及供养人，与开化寺说法图相似点较多，人物背后环境是场面巨大、山水纵横的山水画卷。在说法图两侧各有一铺壁画，南侧上隅对应另一铺说法图，北侧上隅则绘制有水月观音图。佛教壁画中常用的经变画构图方式，就是这种以说法图为画面中心的基本对称的布局，这可以从敦煌北魏开始的历代各窟经变画中得到印证。山西寺观壁画也有很多例证——主佛居中，两旁及周边有菩萨、比丘、弟子等围绕已成固定样式。文殊殿东壁说法图所占画面体量与高平开化寺比较相对缩减，但释迦佛说法的主画面依然是壁画中心。在东壁的经变故事中没有设

[20] 引自（南朝宋）求那跋陀罗译《过去现在因果经》（卷三），《大正藏》第三册，台北：新文丰出版社，1973 年出版。

[21] 引自（南朝宋）求那跋陀罗译《过去现在因果经》（卷三），《大正藏》第三册，台北：新文丰出版社，1973 年出版。

置分离间隔的常规构图方式，也未用树石山水作为分隔物的习惯布局，山水设色浓郁沉稳，以青绿重色勾填，有勾少皴，上追古人，有五代之风。东壁虽以说法图常规对称布局开篇，但以佛教众生图像融合青绿山水，世俗人物遍布，宫廷建筑、街道民宅、茶肆酒楼、山石树木遮映交错，一派祥和的世俗生活画面，是在传承借鉴经典经变画的构图形式上融入了王逵等画手对传统的改良与个人创造。

文殊殿西壁较之东壁则有更多的变化和不同，西壁铺面壁画中心不再以说法图为中心构图，支撑画面的是宫廷建筑楼舍，山水蜿蜒其间，佛传故事、世俗人物穿插有序，相互交融，以全新的壁画形式和表现方法在寺观壁画中独树一帜（图 5-28）。

分析岩山寺文殊殿东、西两铺壁画，东壁沿晋唐五代之风，古意凛然，虽刻意求变但未脱以说法图为中心的惯例；虽有文人画气息但勾、皴、点、染及水墨画特点不明，从构图及人物造型中可循传统粉本痕迹。西壁则一反传统格局，主像普光如来、释迦像或正或侧、或上或下，根据构图布局需要放置在完整的山水画卷中来诠释佛教故事，虽不失重彩特点，但皴、擦、点、染见笔见墨，更显宋画遗风。西壁是王逵几十年人生阅历的凝聚，是他回望故国、追忆汴梁繁盛的悲鸣，是他超人的艺业和个人画风的显现。

有关世俗人物布局与处理，山西永乐宫纯阳殿壁画的构图，是采用几近连环图画的形式对道教祖师吕洞宾展开描绘，较之高平开化寺、岩山寺壁画，其内容是更为典型的现世生活的宗教风俗画（图 5-29）。纯阳殿吕传故事布局以东壁南端“瑞应永乐”为开篇，延续伸展至北壁近后门处，再由西壁南端向北，转至北壁近后门处结束。画面共 52 幅，多依据内容绘制独幅或连环图式，刻画精到，灵活多变，在阅读方式上辅以榜题，使画面解读直接明了。壁画对细节描绘真实而生动，对生活场景和环境的表现具体而可信，让阅读者有身临其境走入画面的视觉感受，仿佛事情就在自己身边发生，把宗教寓于世俗与现实，远胜于平常的说教（图 5-30）。

纯阳殿吕传故事所绘内容遍及各个领域和不同层次，仅建筑就有皇家宫殿、园林、僧舍、城门、民宅、庭园、草舍等，人物形象有官员、士人、商贾、兵弁、贩夫走卒等，老幼妇孺青壮无不尽入画面。其中所绘“武昌货墨”再现了古黄鹤楼的样貌，为我们今天揣度还原历史提供了具体的例证。

重阳殿壁画以 49 幅连续画面、55 个故事展现了全真教祖王重阳的生平。在绘画手法上，重阳殿壁画借鉴了纯阳殿的表现形式，以建筑、山水、树石、云气分割画面，形成各自相对独立的篇章。因王重阳为现实世界的真人存在，之前无粉本借鉴套用，故重阳殿构图绘制略显窘迫和吃力，精力多倾于细节描绘与处理上（图 5-31）。

重阳殿壁画以内容为纲展开布局。以王重阳生平事迹为线索，自东壁北端起首，分上下两组，顺时针走向。但根据画面需要，内容、情节并不严格，且有先后颠倒，安排较为自由。

而阵列式群像构图除上述春秋时期壁画，周公南面以朝诸侯之图焉，至汉代《汉书》记载“观古图画，贤圣之君皆有名臣在侧”，人物众多的叙事性构图的样式持续发展延伸。唐代杜甫的诗《冬日洛城北谒玄元皇帝庙赞吴道子壁画》，生动描述了他所见到的吴道子真迹“五圣联龙衮，千官列雁行。冕旒皆秀发，旌旆尽飞扬”，是这一构图形式的精彩呈现。宋武宗元的《朝元仙仗图》以及传为宋人摹本的吴道子《八十七神仙卷》《释迦降生图》，都是这一构图形式的实证，而山西永乐宫三清殿壁画正是这一构图样式在元代的具体案例。这种阵列构图气势恢宏，庄严超迈，将近300身三米左右的巨人群像穿插组合，安排得静动相宜、虚实相间、疏密有序，既高度统一又变化无穷，有史诗般的气度，是绘画的交响乐，是建筑般的宏幅巨制，是最能彰显唐宋壁画传统，尤其是吴道子绘画精神和画风的隔世再现。

永乐宫三清殿壁画虽以气势取胜，但在具体人物的刻画上也极具特点，所绘各路神仙参照现实社会人物形象进行再创造，二十八宿、雷、电、雨神、青龙、白虎被赋予人性化设计，不以禽兽形象出场，只在身上服饰处标识注明。三清殿壁画沿用传统绘制习惯，在主次人物上有大小之分，在画面上突出重要神祇，并借鉴佛教绘画中的佛光，为主体神祇加画了背光。源于本土的道教诸神设置，参照世俗社会的统治系统创造出道教各类神仙，是宗教化的官本位的集合体。根据政治需求臆造出来的诸神被加官封爵，代表一方利益集团，吕洞宾则由真人经历代追封直至帝君。

北京西山法海寺壁画《帝释梵天图》，布局有序，宏伟壮观，是阵列式构图形式传至明代的经典之作。法海寺壁画因主墙设门，壁画构图也恰好利用这一特点，由两幅阵列式构图对应，造成矛盾冲突，使画面中心部分更为突出。

这一构图形式影响甚广，宋元之后的水陆画也多采用这种构图。山西繁峙公主寺壁画、河北曲阳北岳庙壁画、河北石家庄毗卢寺壁画、山西浑源永安寺壁画，都是这类壁画的延伸、演变和发展。

传统壁画的构图丰富多变，远非上列所述寺观能全部代表，作为类型构图的分析，试图窥一斑而知全豹，举一反三对传统壁画进行多方位、多视角的理解和解读，以期深层理解中国传统壁画之理法。

第六节

壁画之赋色

中国在赋色和颜料的运用上，可追溯至史前岩画、彩陶、帛画、漆器等，传统绘画自先秦至今，在色彩上自成体系，有完善的采集、研制和绘制方法。

周代《周礼·冬官考工记》记载绘画之事，是会合五色（赤、黄、青、白、黑），两汉、魏晋在颜料研制和色彩运用上又有推进和变化，在墓室壁画中开始使用红、黄、蓝、绿、黑、白等色彩，东晋时期顾恺之所绘《女史箴图》，它的摹本是以朱、赭、黄、白、黑为主色，兼以胭脂、蓝靛、草绿、檀木为辅色进行绘制的。到了南北朝，谢赫提出“六法”，在色彩上归纳出随类赋彩，把色彩的作用和效果上升到绘画理论的高度，并在绘画中更为主动地运用。从敦煌莫高窟看北朝的色彩特征，以青和蓝为主色调，强烈而冷峻；在用色方面，以矿物色为主色，辅以胭脂、蓝靛、草绿等植物性颜料，使用银朱、黄丹间配（图 05-32）。施色晕染是受西亚、印度凹凸法影响，以铅白、银朱、黄丹分染(图 5-34）。从隋代壁画上可以看出，色彩的运用渐趋繁复，多层晕染、罩染使画面有了较丰富的变化。再看故宫博物院所藏的传为展子虔的《游春图》（图 5-33），设色高古典雅，已见墨彩相融的端倪，开“墨上刷色”着色法之先河，唐代张彦远在《历代名画记》中记载：“武陵水井之丹，磨嵯之沙，越巂之空青，蔚之曾青，武昌之扁青，上品石绿。蜀郡之铅华，黄丹也，出《本草》。始兴之解锡，胡粉。研炼、澄汰、深浅、轻重、精粗。林邑、昆仑之黄，雌黄也，忌胡粉同用。南海之蚁铫，紫铫也，造粉、燕脂、吴绿，谓之赤胶也。云中之鹿胶，吴中之鳔胶，东阿之牛胶，采章之用也。漆姑汁炼煎，并为重采，郁而用之。古画皆用漆姑汁，若炼煎，谓之郁色，于绿色上重用之。古画不用头绿大青。

[22] 引自（唐）张彦远《历代名画记》，第 29 页，卷第二之“论画体工用拓写”；浙江人民美术出版社，2011 年 12 月第 1 版，2015 年 6 月重印。

[23] 引自（唐）朱景玄撰《唐朝名画录》，第 3 页；温肇桐注，四川美术出版社，1985 年 3 月第 1 版。

[24] 引自《图画见闻志·画继》，《图画见闻志》之卷一“论吴生设色”，第 39 页。作者：（宋）郭若虚，潘运告主编，米田水译注，湖南美术出版社，2000 年 4 月第 1 版，2010 年 10 月第 2 版第 4 次印刷。

画家呼麄绿为头绿，麄青为大青。取其精华，接而用之。百年传致之胶，千载不剥。绝仞食竹之毫，一划如剑。”[22] 详尽叙述了唐代以前的颜料产地、产量、使用方法，以及如何使之经久不变的成因。后世历代名手画工各有心得，通过自身的绘画实践，或书文字，或传口诀，留下了丰富的色彩运用经验，发展完善了中国绘画色彩谱系、绘制技术及理论建设。唐代是中国绘画高峰时代的到来，除重彩进一步发展，王维的《辋川图》《雪溪图》首开以水墨绘制的先河，“大小李将军”则以金碧山水风格影响世风，而吴道子画风在引领中国绘画上千年，他以墨线勾勒略施淡赭渲染人面树身，甚至舍弃色彩，“只以墨踪为之”[23]。《图画见闻志》郭若虚曰：“吴道子画，今古一人而已。爱宾称‘前不见顾陆，后无来者’，不其然哉？尝观所画墙壁卷轴，落笔雄劲，而傅彩简淡。或有墙壁间设色重处，多是后人装饰。至今画家有轻拂丹青者，谓之吴装（雕塑之像，亦有吴装）”。[24] 但一代画圣吴道子，只有后世摹本不见原迹，空留隔世猜测。中唐、晚唐时期，绘画的兴盛和发展，促进了行业的分工，山水、花鸟、走兽、羽毛、昆虫各自成为独立画科，水墨淡彩已有一席之地，植物颜料开始被广泛运用，对应了水墨淡彩之风。但沉稳大气、厚重响亮的矿物颜料敷色仍是唐代绘画的主流。

到了五代两宋时期，书写性绘画蔚然成风，水墨画大兴。但因院体画仍然占据五代和两宋的绘画主流，在颜料研制与使用上唐代遗风和影响依然存在，宋代各个行业系统化规范化的管理，在颜色的采集、选料、研制上更加严格、系统、规范。但因宋代长期与辽、金、西夏军事对峙，国家版图萎缩，关山阻隔，商道不通，大量出自西域的矿物质颜料短缺，例如出自尼泊尔的青金石——不能说这是唯一的原因，但宋代的绘画设色与前朝后代都有很多不同。综观五代北宋，道释人物画虽列绘画十门之首，但难挽退衰之势，山水花鸟渐成主流，色彩进一步退隐，很多画家惜色如金，元代饶自然在《绘宗十二忌》中所述也主张用色要淡雅清新，反映在壁画上也有了在吴道子画风的延续与拓展，白描、白画成为一种样式，李公麟、武宗元为个中代表。

有宋一代，虽外扰内患，但学术文艺竟不为所乱，“程朱理学”上接周、秦，诗文经史虽不能言超越汉、唐，但后世元、明则无可比拟。注重内修，勤于思考，选择儒家致知格物为研究方法，走出儒学上升到哲学高度，以理推测。具体到绘画上，分院体和非院体，院体之外轻形重意，绘画题材渐以山水花鸟为重。分科精细缜密，绘画十门都不同程度地发展提高。《图画见闻志》郭若虚曰：“近代方古多不及，而过亦有之。若论佛道人物、仕女牛马，则近不及古，若论山水林石、花竹禽鱼，则古不及近。何以明之？且顾陆张吴，中及二阎，皆纯重雅正，性出天然。吴生之作为万世法，号曰画圣。不亦宜哉？张周韩戴，气韵骨法，皆出意表。后之学者，终莫能到，故曰近不及古。至如李与关范之迹，徐暨二黄之踪，前不借师资，后无复继踵。借始二李三王之辈复起，边鸾陈庶之伦再生，亦将何以措手于其间哉！”[25]山水、花鸟之兴盛，书写性绘画的渐次成熟，改变了宋代的审美情趣和标准，在形似、赋彩诸多问题上虽承传唐风，但实际上自成一体。以高平开化寺为例，是在北宋神宗熙宁六年（1073年）前后动工，哲宗元祐壬申七年（1092年）完工，这正是北宋翰林图画院正式建立、“黄筌富贵”的画风还在引领潮流之际，所以在开化寺的色彩处理上仍有堂皇之气，朱砂用

[25] 引自《图画见闻志·画继》，《图画见闻志》之卷一“论古今优劣”，第50页。作者：（宋）郭若虚，潘运告主编，米田水译注，湖南美术出版社，2000年4月第1版，2010年10月第2版第4次印刷。

得响亮，石绿用得沉稳，而石青则是薄涂，以水色之法为之，这说明当时的敷色已经受五代时期墨上着色的影响，审美标准已有调整，另外还隐藏着宋代与辽、金、西夏的军事对峙引发的商道受阻因素，出产于尼泊尔的青金石应该是断了货源。但在石绿中找出若干层次的变化，根据画面需要，不板、不结、不死，把矿物质颜料灵活地作为石色、水色交错使用，体现了宋代的绘画行业从业者都具备了深厚的色彩修养。专业画家如此，即使名不见经传的民间画师也如此。因为规制已定，其法可循。

再看山西繁峙岩山寺文殊殿壁画，在重彩勾填中融入水墨技法，墨彩交汇，相得益彰。不仅在色与色之间，在色与墨之间也是相互交融、自然得当，各种染法运用娴熟，分染、罩染、晕染，勾色、填色、沥粉、贴金、撞粉、撞色一应俱全，深浅浓淡干湿相间，水墨打底，色彩渲染，皴擦点厾，做到了技术与整体画面的完美结合。中国绘画自成一体，讲究墨不碍色，色不碍墨，在岩山寺壁画中得到了充分体现。以高古之线勾勒，以古艳之色填敷，周围墨色烘染，宫殿楼阁亭台以界画之法为之，山石树木以墨线勾勒，以石青、石绿等矿物质颜料分层叠染。庭院杂树以双勾敷以石青、石绿，最具特点的是蛤粉堆染撞色，如玉树银花，夺人心魂。在岩山寺壁画中，与宋画迥异地大量运用了石青，使整体画面呈现出冷色调。朱砂、石绿、石黄、胡粉也都相映成辉，形成了色彩的交响。同时也兼具水墨语言的特点，在重彩语境里局部施以水墨，甚至摒弃色彩，体现了受北宋文化滋养的御前画工王逵深厚的色彩学养。

文人画风在元代占据了主导地位，审美标准一味倾斜于书写性绘画，重色重彩被文人画家视作“院体”而摒弃，持这一风格与追求的画家遁入民间，绘制壁画，沦为下九流。画史所载元代80余年，仅有十余位长于施色的画家，还多以淡彩问世。元代画家李珩的著作《竹谱》中有关颜料的使用方法的论著也强调着色要清淡雅致，元末陶宗仪在他的《辍耕录》里说：绘画有十三科，最后一科为“雕青嵌绿”。中国画论中有关色彩的论著鲜见，尤其是浓墨重彩的“院体”在元代之后为失去话语权的民间画工所坚守，更难见诸文字记载。从《隋书经籍志》《唐书艺文志》中的类分，再看宋代《宣和画谱》中的绘画十门、元代《辍耕录》中的绘画十三科，虽然两宋以后的书写性绘画渐成主流，审美倾向也由金碧辉煌转向清淡典雅，但“雕青嵌绿”的重彩绘画一直在有序地传承。

明承宋制，文化上的复兴带动了色彩的回归与发展。有关色彩的理论也有刊行，邹一桂的《小山画谱》、迮朗的《绘事琐言》都用较多篇幅论述了中国传统颜料的采集、选料、漂研、分目等研制方法，在近代鸦片战争之后，批量生产的欧洲的化工颜料对中国传统手工低产的颜料制作带来巨大的冲击，化工颜料的艳俗生硬，给大量在清末进行彩装的壁画、雕塑造成了灭顶之灾。

综上所述，在“文人画”占据中国主流绘画以来，中国绘画在敷色及颜料研制上渐行渐弱。近百年来引进的西方学院教育体系，中国画专业也将之纳入其中，在色彩体系的传承与颜料发展上也未随着教育而有根本改变。我们当下处在一个前所未有的时代，对传统文化的溯源与梳理已到了刻不容缓的地步，对中国文化我们应该充满自信，中国传统色彩体系与材料的深度发掘拓展均应与时代同步，中国色彩与材料应成为绝对显学而非绝望之学。

第七节

壁画之沥粉贴金

传统的沥粉和贴金本是各自独立的工艺，但两者经常在传统壁画中结合应用，所以合称沥粉贴金。沥粉贴金之法已久矣，在应用于壁画之前早已有之。中国传统壁画中以金银装饰相对要晚，一般是采用泥金与贴金工艺。据《髹饰录》载，漆艺中用金成熟而普遍，战国漆器已有实例。西汉马王堆墓发掘出土的漆器上面，有凸起的衣纹细线装饰“堆漆”，在壁画中所用的沥粉与这种“堆漆”工艺非常相似。

在壁画中，沥粉贴金据考证有实例证明的，是敦煌北魏时期的壁画，画面上还未大量出现这种工艺，只有部分点缀，直至隋代仍是零星运用。到唐代这一技法工艺得到较多使用，敦煌从盛唐至晚唐多窟都有遗存，如第 223、185 窟等。自此之后开始普及，得到大量应用，技术日趋成熟，是传统壁画绘制过程中不可分割的标准配置。在前文个案分析的山西高平开化寺、岩山寺、永乐宫及北京法海寺都因沥粉贴金而为壁画平添辉煌。比之欧洲在金属材料的应用，以欧洲中世纪圣像画金属装饰对比，中国的沥粉贴金与绘画结合自然，尤其是在壁画中沥粉的凸起与画面完美兼容，可谓天衣无缝。

沥粉贴金分开来说，沥粉用调制而成的“泥子”装进特制的工具内，通过沥粉嘴子挤压出线状凸起，根据画面设计的图案，组成有起伏的线状结构，使平面的画面因凸凹有致而变得丰富和具有肌理感（图 5-35~ 图 5-39）。

贴金则是用经过特殊的传统工艺锤打出薄如蝉翼的金银箔，用特殊的胶贴在平面或贴在凸起的沥粉上面。沥粉与贴金可以混合使用，也可以独立使用从而产生不同的效果和肌理。

沥粉最为重要的是“泥子”调制，它是沥粉的支撑材料，质量好坏直接影响沥线和保存时间。在掌握配方后还要根据所在地区不同凭经验增减。基本原料是天然石粉以胶性材料混合搅拌调制而成。滑石粉、钛白粉是自然石粉，干后收缩不明显，稳定性较高，可以放心使用。立德粉收缩变化大、易开裂，最好不用。

钛白粉与滑石粉既可以分开使用也可以独立使用，混合配比效果更好。筛出无颗粒的细粉，按“钛白粉一、滑石粉三”的配方混合为宜。

调和剂有多种选择，一是动物胶加清漆，可略入明矾防腐。古人曾用米汤加熟桐油，桐油干得缓慢，故已多不使用。现代人有用乳胶漆加清漆，虽方便操作但尚未经过历史的考验。

以骨胶调制为例，先将骨胶浸泡 24 小时以上，用容器放在锅中以文火炖煮直至化为液体，用胶量多少要根据沥粉嘴子的开口大小来判断，大口粗线可胶大水少，小口细线则反之。骨胶冬季易凝固、夏季易变质，可加入少量明矾防腐，置于适当的环境里存放。

粉漏或粉筒因用量少，鲜有批量生产，可单独加工，以铜质为佳。对粉筒内壁光洁顺畅平滑的要求超过外观的好看，因泥子会经常固化板结，可将粉尖随时捅开。古人用猪膀胱做粉兜，现在已有更多选择。以细而有韧性的线扎牢在有双箍的粉筒上就可以操作了。挤压要均匀而力度基本保持不变，缓慢匀速，与画面形成 45° 角，与用笔勾线有异曲同工之妙。沥粉之初一定要查看沥线画面上是否有尘埃且忌在色彩上沥粉，这些小节会让沥粉着墙不实而剥落。

金箔则是手工打造而成的几近透明的金属片，据传说一两金可打出一亩三分地。（图 5-41）金箔有“库金”与“赤金”之分，库金含金量高，色重，赤金反之，色浅黄。银箔色易氧化，铜箔及近世的铝箔也在现代绘画中应用。日本在学习中国制箔工艺的基础上又熏烤出青贝、赤贝、黑箔等多达上百种不同色彩的箔来。

贴箔工具有剪刀、毛笔及绵纸，涂胶后轻压贴牢，干后清扫，有胶处箔就贴牢固定下来。把金箔放在有胶水或蜂蜜的盘子里，不停地研磨直至极细为止，加白酒研，再冲开水去掉蜂蜜及酒，用文火烤干，金粉固定于盘中，泥金告成（图 5-40）。泥金制作工艺繁琐，成本又高，多不采用。拨金、撒金、吹金、弹金省工省料，易出效果，应用较为普遍（图 5-42~ 图 5-45）。

山西高平开化寺壁画中有沥粉贴金，但保存不善，被后世贪心之人误以为可以得金而破坏严重。山西繁峙岩山寺因大量建筑屋顶、兽吻、柱头使用沥粉贴金，至今壁画隐现辉煌。山西芮城永乐宫三清殿壁画大气磅礴，线如屈铁，沥粉也强劲，侧面看去有若浮雕，与画面浑然一体，为壁画增色，属锦上添花。北京法海寺沥粉贴金工艺最为繁琐，仅此工艺可另作独立研究，单独成文。法海寺壁画精细、严谨，满壁生辉，沥粉贴金起到了不可替代的作用（图 5-46~ 图 5-48）。

陆 附录

图 6-01
2011 年　王颖生　山西大同华严寺普光明殿南壁壁画（局部）
普贤菩萨
传统地仗重彩壁画　纵 900 厘米、横 3700 厘米

第五十三於如来會中參普賢菩薩
得諸行願海解脫法門之處

图 6-02
2011 年　王颖生　山西大同华严寺普光明殿背屏后壁壁画（局部）
水月观音
传统地仗重彩壁画　纵 900 厘米、横 2100 厘米

第二十八至補怛落迦山參觀自在
菩薩得大悲行解脫門之處

图 6-03
2013 年　王颖生　河南洛阳隋唐洛阳城国家遗址公园天堂景区天堂二层大厅北壁
万国来朝
布面工笔重彩　纵 305 厘米、横 3960 厘米

图 6-04
2012 年　王颖生　山西大同善化寺大雄宝殿主墙壁画
帝释梵天图
亚麻布重彩　纵 508 厘米、横 4000 厘米

大威德大力明王
大威德不動尊明王
大威德步擲明王
大威德無能勝明王

主風主雨主雷主電風伯雨師衆
十二元辰衆
日天
摩利支天
地天

十二圓覺神衆
十六高僧衆
天龍八部神衆
大梵天王諸神衆
東方持國天王
南方增長天王
大自在天
大功德天

天龍八部神衆
十六高僧衆
十二圓覺神衆
大勢至菩薩
菩提樹神
西方廣目天王
北方多聞天王
忉利帝釋天王衆

十二元辰衆
無色界四空天諸天衆
木天
密迹金剛
散脂大將
鬼子母羅刹諸神衆
月天
大辯才天

大威德甘露軍吒明王
大威德大輪明王
大威德降三世明王
大威德焰髮德迦明王

后记

壁画作为正统绘画中的主脉，自先秦至明清，一直传承有序；作为国家意志、皇家威仪的表现，在殿宇、庙堂、寺观历代圣手都有佳作传世。宋代系统化、制度化和规范化后更加完善，近世人文的兴起和世俗文化的繁荣，使壁画也从殿堂走入酒肆、茶楼、屋舍直至寻常百姓家。宋元之后文人画盛行，但两条绘画主线并行不悖、相互影响和交融，是中国传统绘画并重的两大遗产。但元代之后，正统文脉中的壁画绘制开始遁入民间，民间画师由于缺失文化，在绘画史书写上失去了话语权。

对中国绘画传统中居于正统和主流地位的传统壁画的分析、评价和价值认定，及其在美术史中的地位，虽有诸多研究成果，但对壁画的起源、发展、成熟、衰落的研究及制作规制的形成发展仍待深入探讨；回望历史，本文通过对宋、金、元、明等中国古代寺观壁画的个案分析，探寻壁画之源流，厘清在通行的美术史中模糊或不甚明了的概念，并梳理中国传统壁画之绘制理法。

北宋初期翰林图画院无论在画院待诏、画院规制、画家职位设置、待遇、名号、迁转等，与雍熙年间建立的翰林图画院一脉相承，可以说自西蜀、南唐到北宋图画院均是翰林图画院的前身和过渡，翰林图画院的规制之建立，是承袭汉代少府、北朝文林馆、唐代少府监等前朝国家官署制度和管理系统，就画院画家的遴选、举荐和录用、职位设置与人员更替都是在前朝的对应机构的基础上改良和变更而来的，只是更为合理和更加附合宋代官署管理体制，使一直身份不够明确的画家从天子私淑，转为国家官署系统里的在编绘画官员或技术官员。以负责管理的“勾当官”“副使”和专司绘画的待诏、艺学、祇候、学生位置设置，替代了以往的画官、直院、画直，使位置与职称对应，更具有专业性和便于管理。北宋翰林图画院画家的俸禄较之前朝因制度的确立，也更为固定合理，不再是仅凭圣上欢愉赏赐从无定规。翰林图画院管理系统完善后，待诏、艺学、祇候通过自身的努力和工作业绩可以参加官署系统的升迁，正式纳入了国家官署的运行机制。画家地位、待遇也都明显高于前朝。翰林图画院规制的规范化、制度化、系统化受益于北宋皇家对绘画的关注、支持和参与，恰到好处地做到了集权与放权，顺应了时代的要求，翰林图画院得到了迅猛发展，人才辈出，院体画也达到了鼎盛时期。在画家遴选、管理、培养制度规范化后，翰林图画院的运营模式超越了历朝历代，显得章法有度、条理清晰，每个画家的责任和义务都是具体而明确，虽然在建院之初的组织结构、人员构成还有部分是西蜀、南唐的旧职，在融入新的建制和管理、严格纳入国家官署机制需要漫长的调整和适应，但北宋翰林院的确成功地转身给北宋文化带来了最为丰厚的添彩。

北宋以前的画院画家遴选，大多从士人或民间高手中通过个人作品的影响和同行举荐来录用选拔。这些画家大多是天赋奇才，或通过个人努力加机缘巧合能登堂入室，或为国家征用或伴君侧，但北宋翰林图画院除上述机制外另设“考入”制和“补入”制，并前所未有地把画家录用并入国家科举制度，尤其建立了画学，以画取士，为画院的人才培养提供了保障。画学课程的设置和在学生层面的培养教育，不仅使画家具有非凡技艺，画家的综合素质也提到了空前的高度，宋代画院专业画家的整体文化素养，应是历朝历代中最高最全面的。

北宋翰林图画院在承接国家工程的管理体制和运行机制上，因为制定了严格的外派规则，责任到人，对民间画行的征用、合作也有详细而具体的合作模式，所以画院和画家本人的国家定额任务不会受到影响，这与以往责任不明，大多随天子兴致的松散管理有了根本性的不同和改变。就壁画而论，在绘制结构、绘制工序、绘制模式、绘制材料、绘制时间上都有严格的要求和规范，从李诫的《营造法式》中可见一斑，《元代画塑记》中详尽的工序和材料流水单据记录，都是在宋代壁画绘制体系规范下的传承和沿革。

通过山西高平开化寺个案的具体分析可以总结出：自宋代始，传统寺观壁画的制作无论在宫廷、官府或民间，均已形成严格的绘制系统，无论是气韵生动、骨法用笔，还是经营位置、随类赋彩方面，都在传承的基础上，进一步高度规范化、制度化、系统化，这是史无前例的系统工程。

山西繁峙山寺壁画则是宋代绘画的延展，金代作为少数民族政权虽未建立自己完整的文化体系，但借助宋代的文化体制及人才储备超越了时代的浓笔重墨，在美术史上留下了重要的篇章。

而山西永乐宫壁画更是异彩绽放，在轻形重意、书写性绘画日盛、文人画独领潮流的元代，可谓石破天惊横空出世，究其原因也可归于宋代的院体转入民间，仍以强大文化基因隔代重光，显示出作为传承数千年，处在正统地位的壁画随着历史的变迁，有高峰和低谷，但它一直真实的存在。

明代经历了弃元追宋的文化回归，这场复古运动带来了传统绘画的复兴，以形写神，再接院体绘画，恢复国家画院建制，承袭宋代翰林图画院规范，法海寺壁画是这场文化运动的结晶。董其昌推崇画分南北宗，在明晚期再兴文人画，使明代的文化复兴再次偏离，画史、画论、画理、画法略过中国绘画中重要的板块——壁画，在美术史中几近失语。而民间画师地位无改，壁画绘制渐行渐弱，至清代几近绝响。

综上所述，有宋一代远接千古，对中国传统壁画之理法，在宋代大文化语境内进行了系统的归纳和总结，使之前所未有的规范成型，兴于院体渗透于民间，影响后世，在这一领域哲匠间出，巨作传世，一部美术史，半部看壁画。自明末清初壁画教化功能不再，沉寂300余年。拨开历史的尘埃，重新审视中国传统文化，壁画深厚的文化承载，是中国绘画史上的重要组成部分。对宋、金、元、明等中国古代寺观壁画进行个案研究，对传统壁画绘制理法进行梳理、解析，厘清传统壁画绘制系统的成因，以及这个强大系统的规制与沿革，是笔者行文的初衷。

参考书目

（一）中文论著（含译著）

1. 张彦远（唐）著.《历代名画记》[M]. 杭州. 浙江人民美术出版社. 2011年12月第1版. 2015年6月重印

2. 朱景玄（唐）著.《唐朝名画录》[M]. 温肇桐注. 四川. 四川美术出版社. 1985年3月第1版第1次印刷

3. 潘运告主编.《图画见闻志·画继》[M]. 米田水译注. 湖南美术出版社. 2010年10月第2版第4次印刷

4. 俞剑华注译.《宣和画谱》[M]. 南京. 江苏美术出版社. 2007年6月第1版第1次印刷

5. 李诫(宋)著.《〈营造法式〉译解》[M]. 武汉. 华中科技大学出版社. 2015年6月第1版第4次印刷

6. 段成式(唐)、黄休复(宋)、佚名(元).《中国美术论著丛刊·寺塔记·益州名画录·元代画塑记》[M]. 秦岭云（点校）. 北京. 人民美术出版社. 1964年5月第1版. 2004年1月第2次印刷

7. 陈高华著.《宋辽金画家史料》[M]. 北京. 文物出版社. 1984年3月第1版第1次印刷

8. 罗春政著.《辽代绘画与壁画》[M]. 北京. 辽宁画报出版社. 2002年第1版第1次印刷

9. 俞剑华著.《中国壁画》[M]. 北京. 中国古典艺术出版社. 1958年3月第1版第1次印刷

10. 祁英涛著.《中国古代建筑的保护与维修》[M]. 北京. 文物出版社. 1986年9月第1版第1次印刷

11. 祁英涛著.《怎样鉴定古建筑》[M]. 北京. 文物出版社. 1981年6月第1版. 1983年2月第2次印刷

12. 祁英涛著. 《祁英涛古建论文集》[M]. 北京. 华夏出版社. 1992 年 11 月第 1 版第 1 次印刷

13. 柴泽俊著. 《柴泽俊古建筑文集》[M]. 北京. 文物出版社. 2009 年 6 月第 1 版第 1 次印刷

14. 刘凌沧著. 《刘凌沧美术文集》[M]. 桂林. 广西美术出版社. 2012 年 1 月第 1 版第 1 次印刷

15. 杉山正明（日）著. 《疾驰的草原征服者·辽·西夏·金·元》[M]. 乌兰等译. 桂林. 广西师范大学出版社. 2014 年第 1 版第 1 次印刷

16. 小岛毅（日）著. 《中国思想与宗教的奔流·宋朝》[M]. 何晓毅译. 桂林. 广西师范大学出版社. 2014 年第 1 版第 1 次印刷

17. 川本芳昭（日）著. 《中华的崩溃与扩大·魏晋南北朝》[M]. 余晓潮译. 桂林. 广西师范大学出版社. 2014 年第 1 版第 1 次印刷

18. 潘天寿著. 《中国绘画史》[M]. 北京. 东方出版社. 2012 年 9 月第 1 版第 1 次印刷

19. 韩刚著. 《北宋翰林图画院制度渊源考议论》[M]. 石家庄. 河北教育出版社. 2007 年 8 月第 1 版第 1 次印刷

20. 叶朗主编、朱良志副主编. 潘立勇、陆庆祥、章辉、吴树波著.《中国美学通史（卷五·宋金元卷）》[M]. 南京. 江苏人民出版社. 2014 年 1 月第 1 版. 2014 年 6 月第 2 次印刷

21. 叶朗主编、朱良志副主编. 肖鹰著. 《中国美学通史（卷六·明代卷）》[M]. 南京. 江苏人民出版社. 2014 年 1 月第 1 版. 2014 年 6 月第 2 次印刷

22. 黄仁宇著. 《中国大历史》[M]. 上海. 生活·读书·新知三联书店出版社. 2014 年 3 月第 1 版第 1 次印刷

（二）期刊文章、硕博论文

1. 谷东方.《高平开化寺北宋大方便佛报恩经变壁画内容考释》[J]. 北京. 故宫博物院院刊. 2009 年 2 期. 总第 142 期

2. 王岩松.《岩山寺壁画中山水画在美术史上的地位》[J]. 北京. 北京大学硕士学位论文. 2004 年 9 月

（三）画册

1.《宋画全集》[M]. 浙江大学中国古代书画研究中心编 . 杭州 . 浙江大学出版社 .2008 年 11 月第 1 版第 1 次印刷

2.《中国美术全集》[M]. 中国美术全集编辑委员会编 . 北京 . 人民美术出版社 .2006 年 12 月第 2 版

3.《中国寺观壁画全集》[M]. 中国寺观壁画全集编辑委员会编 . 广州 . 广东教育出版社 .2009 年 12 月第 1 版第 1 次印刷

4.《山西古代壁画珍品典藏》[M]. 壁画艺术博物馆编 . 太原 . 山西经济出版社 .2016 年 5 月第 1 版第 1 次印刷

5.《中国石窟·敦煌莫高窟》[M]. 敦煌文物研究所编 . 北京 . 文物出版社 .1982 年 12 月第 1 版 .1999 年 7 月第 3 次印刷

6.《敦煌石窟艺术》[M]. 敦煌研究院、江苏美术出版社编 . 南京 . 江苏美术出版社 .1995 年 10 月第 1 版第 1 次印刷

7.《永乐宫壁画》[M]. 萧军著 . 北京 . 文物出版社 .2008 年 6 月第 1 版，2017 年 5 月第 3 次印刷

8.《法海寺壁画》[M]. 北京市石景山区文化委员会编 . 北京 . 中国文联出版社 .2004 年 12 月第 1 版第 1 次印刷

学术成果统计——展览及获奖

1.“水墨瀚华·大韵周口”中国画名家邀请展，中国美术家协会壁画艺术委员会、河南省文学艺术界联合会、河南省美术家协会、周口市委宣传部主办，2020 年 12 月

2. 第五届“一带一路”壁画论坛暨绝学之路·中国壁画艺术展，中国美术学院、中国美术家协会壁画艺术委员会、浙江省美术家协会、浙江美术馆、高平市人民政府、新疆维吾尔自治区龟兹研究院共同主办，2020 年 11 月

3. 新维度·2020 中央美术学院中国画作品展，中央美术学院主办；山东美术馆、山东省美术家协会、中央美术学院中国画学院承办，2020 年 10 月

4.“风花雪月　乡愁大理”中国美术名家采风创作展，中国美术家协会、中央美术学院、中共云南省委宣传部、中共大理州委、大理州人民政府共同主办，2020 年 8 月

5. 众志成城——抗疫主题美术作品展，中国国家博物馆、中国美术家协会、中国书法家协会共同主办，2020 年 8 月，国家级

6. 首届丽江“名城·名家·名画”写生艺术双年展，云南省文化和旅游厅、云南省文学艺术界联合会、中央美术学术院、中共丽江市委、丽江市人民政府主办；世界文化遗产丽江古城保护管理局、丽江古城管理有限责任公司、云南美术馆、云南画院、云南省美术家协会、丽江古城画院承办，2020 年 7 月

7. 共同体——2020 年中国深圳当代艺术邀请展，中央美术学院学术支持，中共深圳市南山区委宣传部、深圳市南山区文化广电旅游体育局指导，宝甄艺术主办，2020 年 6 月

8. 沿巴尔干到黑海——中保当代美术交流展，北京市总工会、中央美术学院、保加利亚索菲亚国家艺术学院主办；中国驻保加利亚大使馆、保加利亚驻华大使馆大力支持，2018 年 12 月

9. 香港牵动我的心——庆祝改革开放四十周年美术创作展，中央美术学院、香港各界文化促进会、香港美协共同主办；香港特区政府、中央人民政府驻香港特别行政区联络办公室、中华人民共和国外交部驻香港特别行政区特派员公署、中国人民解放军驻香港部队大力支持，2018 年 12 月

10. “共时性”维度中的当代水墨——第四届“视墨湖”学术邀请展，上海八号桥文化产业投资有限公司主办，2018 年 10 月

11. 薪火——王吉祥 · 王颖生中国画作品展，中央美术学院、中国美术家协会艺术委员、河南省文学艺术界联合会、河南省美术馆、河南省美术家协会主办，2018 年 9 月

12. “艺脉传承——杰出校友交流展”，中央美术学院研究生院、中央美术学院校友工作办公室、中央美术学院研究生院直属党支部主办，2018 年 5 月

13. 文明的回响 · 第三部——时代肖像，北京市劳动人民文化宫、中央美术学院、北京市总工会主办，2018 年 1 月

14. 相约丝绸之路——“第聂伯之会”中乌当代美术交流展（纪念中国、乌克兰建交 25 周年），中央美术学院、乌克兰国立美术与建筑学院、北京市总工会、中国电力传媒集团主办，2017 年 11 月

15. 最美中国人——庆祝中国共产党第十九次全国代表大会胜利召开大型美术作品展，中央宣传部、中国文学艺术界联合会、中国美术家协会、中国国家博物馆主办，2017 年 10 月，国家级

16. 北京重大历史题材美术作品展，北京文史研究馆主办，2017 年 8 月

17. 图像·画意——当代工笔画学术邀请展，中央美术学院、中国工笔画学会主办，2016 年 11 月

18. “中华史诗美术大展”——中华文明历史题材历史画创作工程，中央宣传部、中国文学艺术界联合会、国家财政部、中国文化部、中国美术家协会主办，2016 年 11 月，国家级

19. 纪念红军长征胜利 80 周年美术作品创作展，中国文学艺术界联合会、中国国家博物馆、中国美术家协会、中国文学艺术基金会主办，2016 年 10 月，国家级

20. “草原长调：中蒙当代美术交流展”，中央美术学院丝绸之路艺术研究协同创新中心、太庙艺术馆和蒙古国国家美术馆共同主办，2015 年，国家级

21. 水墨本色：当代中国画邀请展第三届，中央美术学院、北京市总工会，2015 年

22. 第十二届全国美术作品展览铜奖，中华人民共和国文化部、中国文学艺术界联合会、中国美术家协会，2014 年，国家级

23. “南相北像”国家大剧院四人展，中国国家大剧院，2014 年

24.《午门誓师》北京市重大历史题材，北京文史馆，2014 年，国家级

25.《中国京剧》中华文明五千年重大历史题材创作，中国文学艺术界联合会、国家博物馆，2013 年，国家级

26. 第十一届全国美术作品展览金奖，中华人民共和国文化部、中国文学艺术界联合会、中国美术家协会，2009 年，国家级

27.《香港回归》国家重大历史题材创作，中宣部、中国文化部、中国财政部，2009 年，国家级

28. 第二届全国壁画大展，中国美术家协会、中国壁画学会主办，2009 年，国家级

29. 第十届全国美术作品展览铜奖，中华人民共和国文化部、中国文学艺术界联合会、中国美术家协会主办，2004 年，国家级

30. 第一届全国壁画大展，中国美术家协会、中国壁画学会主办，2004 年，国家级

31. 北京首届国际美术双年展，获中国青年艺术家奖，中国文学艺术界联合会、北京市人民政府、中国美术家协会主办，2003 年，国家级

32. 水墨本色：当代中国画邀请展第二届，中央美术学院主办，2002 年

33. 中国艺术研究院 2001 · 中国画提名展，中国艺术研究院主办，2001 年

34. 第九届全国美术作品展览优秀奖，中华人民共和国文化部、中国文学艺术界联合会、中国美术家协会主办，1999 年，国家级

35. 水墨本色：当代中国画邀请展第一届，中央美术学院主办，1999 年

36. 第八届全国美术作品展览最高奖，中华人民共和国文化部、中国文学艺术界联合会、中国美术家协会主办，1994 年，国家级

致谢

这本书是我的博士论文。2016年是我博士生涯的第八个年头，在完成论文前后的日子里，我密集阅读资料不下500万字，但自幼养成的习惯，好读书不求甚解，自己没能脱胎换骨，学问也没有因此而与日俱增。但我依然如释重负，因为我的论文也是我的研究方向，是我的恩师孙景波先生20多年前给我的教材写作任务，我用各种方法拖延。我被他逼着考博、读博后，我自知这次终究是拖不下去了。对先生的感谢我无以言表，20多年来我与先生亦师亦友，是他的学生和助手，读他优美的文字、聆听他画里画外的故事，是人生的一大享受。虽然我的愚钝固执在工作中让他无奈和失望过，我不是他最好的学生，但他是我最好的老师，做他的学生我由衷地感到幸福。感谢我的硕士研究生导师胡勃先生，他是我的良师和严师，在他严格的要求和指导下，奠定了我的学术方向与研究基础，我现在的所作的探求是先生以往学术指导的延伸。感谢我的论文导师罗世平先生，他的指导具体而得当。在北京我无数次地叨扰，在蒙古大草原写生期间，他常常不顾劳顿与我谈论文写作直至深夜。没有他的博学多识、悉心指教，我的论文写作会更加艰难。感谢所有给我授过课的先生们：靳之林先生的生命本体论、发现的秦直道，都超越了艺术本身，是大智慧的结晶；钟涵先生为我们做系列讲座，用数倍的时间重读支撑材料，这种治学态度的感召力超过了知识本身。感谢范迪安先生，他对我工作、写作与创作上的支持都是具体而有实效的，他的加持让我在绘画实践与理论建构之间找不到懈怠的理由和借口。感谢易英先生，他在谈笑之间传递了书中没有的知识，与他谈论绘画和油画写生总有说不完的话题；感谢殷双喜先生，与他相识30年所获甚丰，他的缜密的逻辑思维令我景仰；感谢郑岩先生，他的学术研究总是那么地严谨而深刻，他也在百忙之中给予我指导……感谢美院，这是世界上最美的地方。感谢我的家人，我一味地忙碌没有给予应有的陪伴。感谢生我养我的河南故土，难忘教导我的先生和老师们。感谢我的朋友和同事，没有他们具体的支持和帮助，我知道自己无法完成学业。感谢我的同事刘凤，我所撰写的凌乱文字都是她条理清晰地帮我整理，这项工作琐碎而辛苦，这都是她在八小时工作之外的劳作。

谨以此书献给我的父母！在不能陪护和照顾他们的日子里，他们总是对我的忙碌报以理解和支持！

王颖生

2019年6月10日

图书在版编目（CIP）数据

规范与沿革:中国古代寺观壁画理法研究/王颖生著.--南京:江苏凤凰美术出版社,2020.12

ISBN 978-7-5580-7946-7

Ⅰ.①规… Ⅱ.①王… Ⅲ.①寺庙壁画-研究-中国-古代 Ⅳ.①K879.414

中国版本图书馆CIP数据核字（2020）第237829号

选题策划　毛晓剑

责任编辑　毛晓剑　王　煦

资料整理　刘　凤

装帧设计　曲闵民　王　俊

责任校对　吕猛进

责任监印　生　嫄

书　　名　规范与沿革:中国古代寺观壁画理法研究

著　　者　王颖生

出版发行　江苏凤凰美术出版社（南京市湖南路1号　邮编：210009）

出版社网址　http://www.jsmscbs.com.cn

制版印刷　上海雅昌艺术印刷有限公司

开　　本　889毫米×1194毫米　1/16

印　　张　22.5

版　　次　2020年12月第1版　2020年12月第1次印刷

标准书号　ISBN 978-7-5580-7946-7

定　　价　398.00元

营销部电话　025-68155683　营销部地址　南京市湖南路1号

江苏凤凰美术出版社图书凡印装错误可向承印厂调换